諸子百家

浅野裕一

ている。今後『孫子』との比較によって、古代兵法の研究も大きな進展を見せるであろう。

これから新出土資料の研究が進めば、諸子百家の思想についても、大幅な見直しが行われるであろう。本書は解説の中で新出土資料の紹介にかなりの紙数を割いており、一般向けの導論としての役割は、十分に備えていると考える。学術文庫版の刊行により、さらに多くの読者に、古代中国思想の研究が画期的な転機を迎えていることを知っていただければ幸いである。

二〇〇四年八月二十日

浅野　裕一

目次

諸子百家

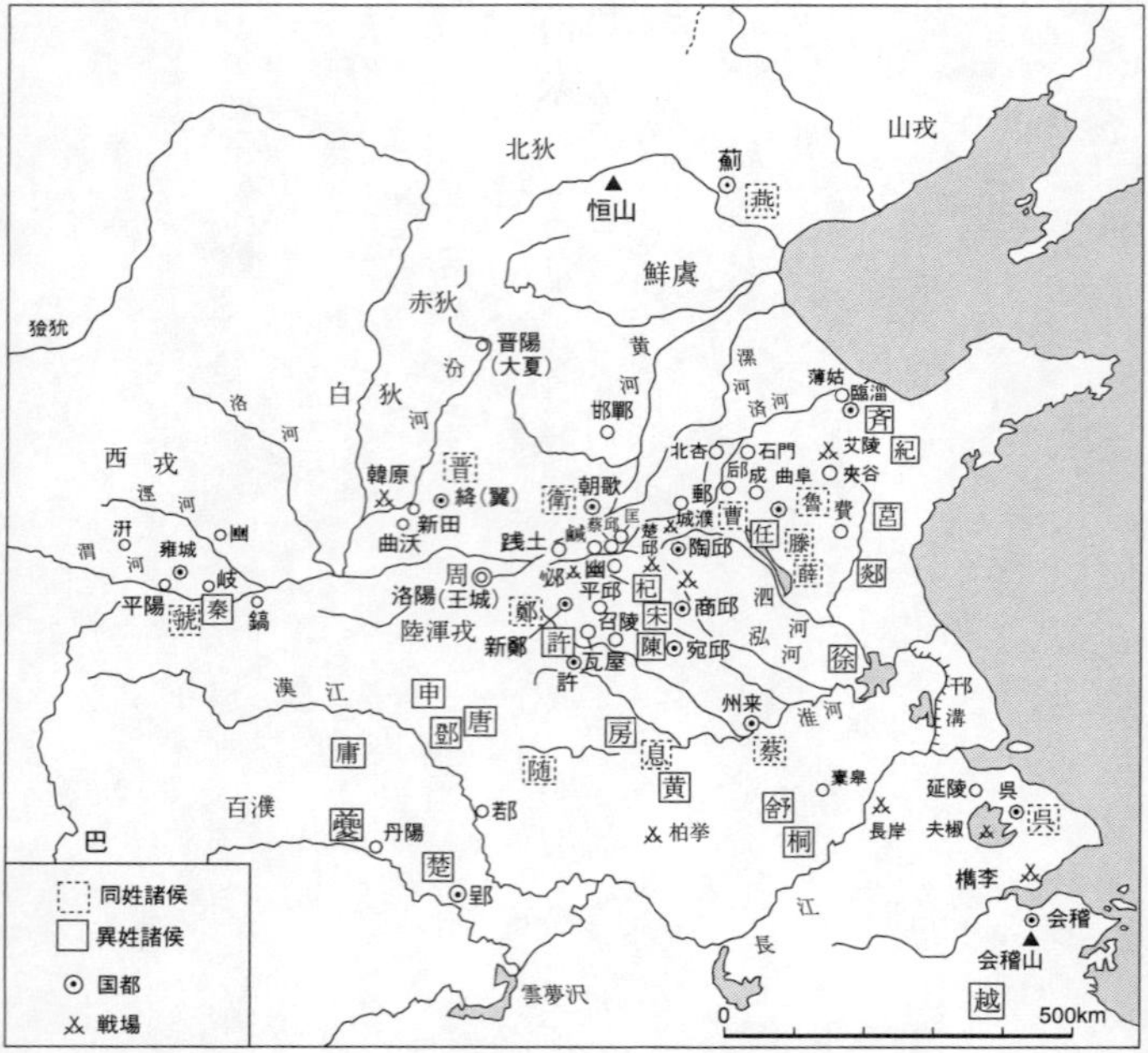
北狄
山戎
薊
燕
恒山
鮮虞
赤狄
玁狁
晋陽
（大夏）
汾河
白狄
洛河
黄河
邯鄲
漯河
済河
薄姑
臨淄
斉
紀
北杏
石門
艾陵
郎
成
曲阜
夾谷
西戎
涇河
晋
韓原
絳（翼）
新田
曲沃
衛
朝歌
匡
鹹
蔡丘
楚丘
郵
城濮
曹
魯
費
莒
汧
雍城
豳
渭河
岐
平陽
虢
秦
鎬
践土
周
洛陽（王城）
陶丘
任
滕
薛
郯
邲
幽
平丘
杞
鄭
召陵
宋
商丘
泗河
弘河
陸渾戎
新鄭
許
陳
宛丘
瓦屋
徐
漢江
申
唐
鄧
房
州来
淮河
邗溝
庸
随
息
蔡
黄
橐皋
延陵
呉
百濮
鄀
舒
長岸
夫椒
巴
夔
丹陽
柏挙
桐
楚
郢
檇李
会稽
会稽山
長江
雲夢沢
越
同姓諸侯
異姓諸侯
国都
戦場
0
500km

春秋時代要図

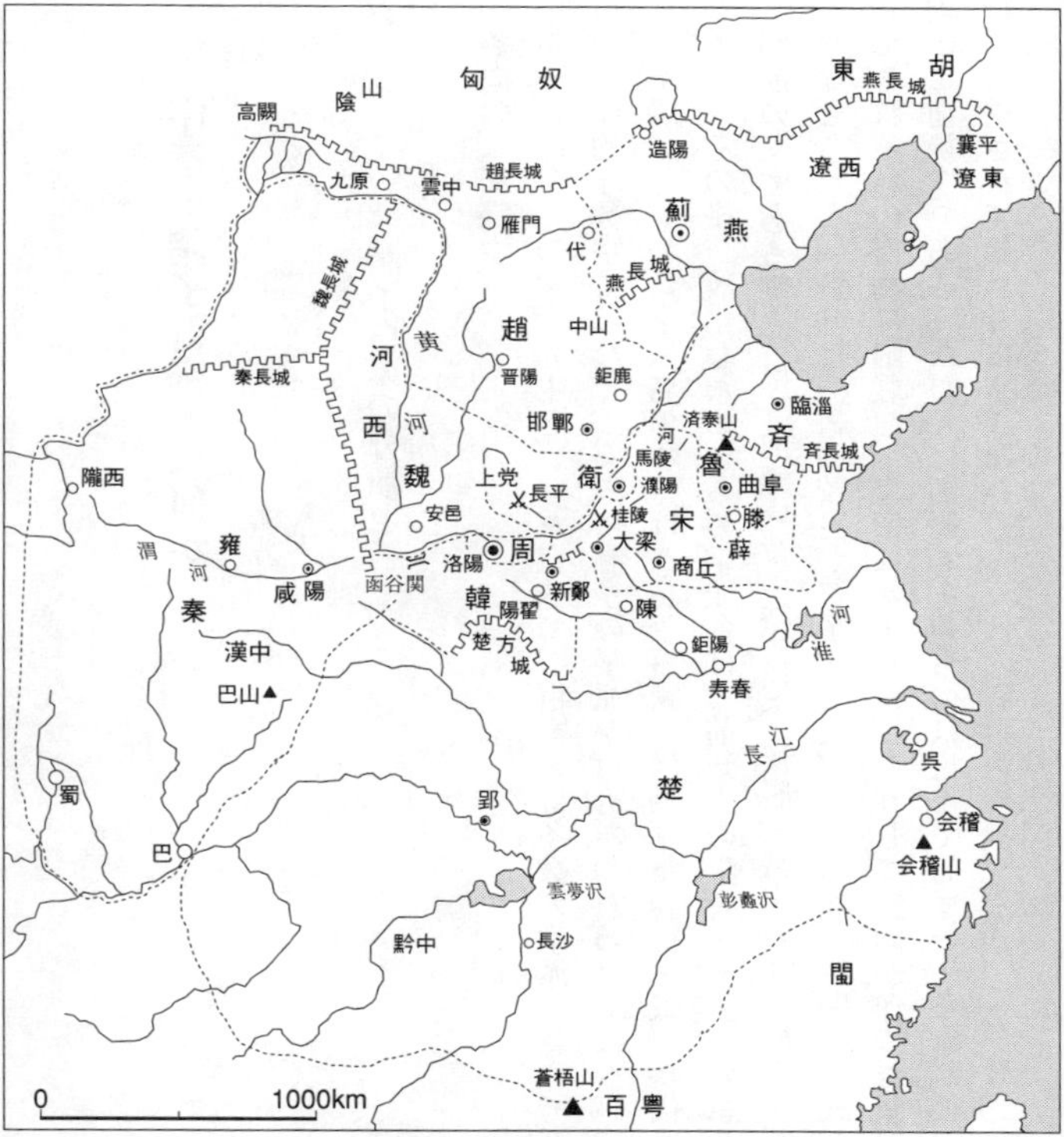

匈奴
陰山
高闕
東胡
燕長城
造陽
襄平
遼西
遼東
趙長城
九原
雲中
雁門
代
薊
燕
燕長城
魏長城
趙
中山
黄河
晋陽
鉅鹿
秦長城
臨淄
済泰山
斉
斉長城
西河
邯鄲
魏
隴西
上党
長平
衛
馬陵
濮陽
魯
曲阜
安邑
桂陵
宋
滕
薛
渭河
雍
周
洛陽
大梁
商丘
咸陽
函谷関
新鄭
秦
韓
陽翟
陳
河
淮
楚方城
漢中
鉅陽
寿春
巴山
長江
呉
蜀
楚
郢
会稽
会稽山
巴
雲夢沢
彭蠡沢
黔中
長沙
閩
蒼梧山
百粤
0
1000km

戦国時代要図

序章　諸子百家とは何か

一　諸子百家の分類

劉向の『別録』

諸子《しょし》とは多くの学者先生といった意味で、百家《ひやっか》とは多数の学派の意味である。したがって百は具体的な数字ではなく、実際に諸子の学派が百もあったわけではない。しかも名家《めいか》や法家、陰陽《いんよう》家といった学派名の多くは、諸子百家が活動した春秋・戦国時代には存在していなかった。その後一般化したこれらの学派名は、前漢末の学者・劉歆《りゅうきん》に始まる。

劉歆の父である劉向《りゅうきょう》は、前漢成帝の時代に、秘府《ひふ》（宮中の図書館）が所蔵する典籍の校訂を命ぜられた。劉向は一書の校訂が終了するたびに、目次と解題を作成し、それを叙録としてそれぞれの書物に附載して皇帝に奏上した。こうして劉向が作った叙録だけを集めた書物が『別録《べつろく》』である。ただし『別録』そのものは亡《ほろ》んでしまい、わずかにその一部が他の書物に引用されて伝わるにすぎない。

劉歆の『七略』

劉向はすべての校訂作業を終える前に死去したが、哀帝は息子の劉歆に典籍校訂の事業を継承させた。劉歆は父の遺業を引き継いで完成させるとともに、秘府の典籍を七種に分類して『七略《しちりゃく》』を著した。『七略』の内訳は、輯《しゅう》略・六芸《りくげい》略・諸子略・詩賦《しふ》略・兵書《へいしょ》略・術数《じゅっすう》略・方技《ほうぎ》略の七種であるが、先頭の輯略は全体の総論であるから、実質的には六種となる。この『七略』もまた亡んで伝わらないが、後漢の班固《はんこ》が作った『漢書《かんじょ》』芸文志《げいもんし》は、『七略』の体裁を踏襲しているから、芸文志によってその分類形態を知ることができる。

それによれば諸子略の中は、さらに（1）儒家、（2）道家、（3）陰陽家、（4）法家、（5）名家、（6）墨家、（7）縦横家《しょうおうか》、（8）雑家、（9）農家、（10）小説家、の十種に分類

管子書錄
護左都水使者光祿大夫臣向言所校讎中管子書三百八十九
篇大中大夫卜圭書二十七篇臣富參書四十一篇射聲校尉立
書十一篇太史書九十六篇凡中外書五百六十四篇以校除復
重四百八十四篇定著八十六篇殺青而書可繕寫也管子者潁
上人也名夷吾號仲父少時嘗與鮑叔牙游鮑叔知其賢管子貧
困常欺叔牙叔牙終善之鮑叔事齊公子小白管子事公子糾及
小白立爲桓公子糾死管仲囚鮑叔薦管仲管仲既任政於齊齊
桓公以霸九合諸侯一匡天下管仲之謀也故管仲曰吾始困時
與鮑叔分財多自予鮑叔不以我爲貪知吾貧也嘗爲鮑叔謀事
而更窮困鮑叔不以我爲愚知吾有利有不利也公子糾敗召忽
死之吾幽囚受辱鮑叔不以我爲無恥知吾不羞小節而恥功名
不顯於天下也生我者父母知我者鮑叔鮑叔既進管仲而已下

劉向『別録』の佚文

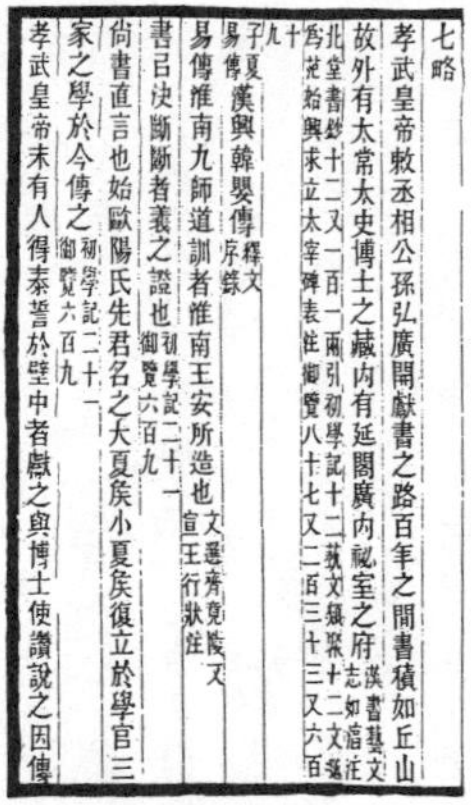
七略
孝武皇帝敕丞相公孫弘廣開獻書之路百年之間書積如丘山
故外有太常太史博士之藏內有延閣廣內祕室之府漢書藝文志如淳注
北堂書鈔十二又一百一兩引初學記十二藝文類聚十二文選
爲范始興求立太宰碑表注御覽八十七又二百三十三又六百
十九
子夏易傳漢興韓嬰傳釋文序錄
易傳淮南九師道訓者淮南王安所造也文選齊竟陵文宣王行狀注
書以決斷斷者義之證也初學記二十一御覽六百九
尚書直言也始歐陽氏先君名之大夏侯小夏侯復立於學官三
家之學於今傳之初學記二十一御覽六百九
孝武皇帝末有人得泰誓於壁中者獻之與博士使讚說之因傳

劉歆『七略』の佚文

されている。最後の小説とは、巷《ちまた》の噂話などを聞き記した、ちっぽけなつまらない話という意味である。そこで通常、諸子の学派を挙げるときには、小説家を除外して九流百家と呼ぶ。ただし兵家については、別に兵書略が立てられたため、九流の中には含まれていない。もちろん実質的には、兵家を加えて十流と考えた方がよい。

このように諸子百家の学派名の多くは、前漢末の劉歆『七略』に起源を持つもので、実際に諸子が活動した春秋・戦国期に、法家や名家などといった名称が存在したわけではない。当時から存在した呼称は儒と墨と兵の三つのみで、道家なる呼称が登場するのは前漢初期のことである。

『漢書』芸文志は、上記の部立てにより、諸子百家の著作を九流のいずれかに分類し収容している。ただしこの分類は、諸子の時代が終わってから二百年以上も後に行われたものであるから、必ずしもすべてが当時の実態に合致しているとは限らない。

二　新出土資料の発見

郭店楚墓から出土した竹簡

孔子が魯《ろ》に学団を創設して、諸子百家の時代が幕を開けてからのち、直伝・再伝・三伝の後学たちの具体的活動は、これまでほとんど不明であった。その最大の原因は、確実にこの時代に成立したと証明できる文献が乏しかった点にある。そのため儒家が「六経《りくけい》」と総称する『詩』『書』『礼』『楽』『易』『春秋』などの書物を、それぞれどのように経典《けいてん》化していったのか、その過程もやはり不明のままであった。

だがこうした状況は、一九七〇年代以降相次いだ古代文献の出土によって、大きく変わりつつある。一九七二年には山東省臨沂《りんぎ》県銀雀山《ぎんじゃくざん》の前漢墓から、竹簡に記された『孫子兵法』『孫臏《そんぴん》兵法』や『六韜《りくとう》』『尉繚子《うつりようし》』といった兵書、『晏子春秋《あんししゅんじゅう》』などが発見された。翌年の十二月には、湖南省長沙市馬王堆《まおうたい》の前漢墓から、帛《はく》（絹布）に記された甲・乙二種類の『老子』や、『経法』『十六経』といった黄老思想の文献、『戦国縦横家書』と名付けられた『戦国策』に似た文献、『易』や医学書など、大量の書物が発見された。

こうした考古学的発見により、『六韜』や『尉繚子』のようにこれまで偽書の烙印を押されてきた書物が復権したり、成立時代をめぐる論争に有力な手掛かりが提供されるなど、大きな成果が得られたのだが、依然として大きな問題も残された。発掘された墳墓は、ほとんどが秦漢期の造営であったため、先秦、つまり春秋時代（前七七〇〜前四〇三年）や戦国時代（前四〇三〜前二二一年）の書物なのか、漢代に入ってからの書物なのかを判断する決定的な決め手にはならなかった。

春秋末から戦国期の終わりまでは、諸子百家が活動した中国学術史上の黄金時代で、『論語』『孟子』『荀子《じゅんし》』『老子』『荘子《そうじ》』『韓非子《かんぴし》』『孫子』『呉子』など、日本人にも馴染みの深い中国古典と言えば、大半がこの時代の書物である。

ところが諸子百家の著作については、伝承通り先秦の書とする考え方（信古《しんこ》）と、それを疑って秦漢以降の書とする考え方（疑古《ぎこ》）、および両者を折衷する考え方（釈古《しゃくこ》）の立場が入り乱れ、激しい論争が展開されてきた。そのため、諸子百家の書物の成立時期を額面通り先秦と見るか、それとも秦漢以降と見るかは、古代思想史の学界では極めて重大な問題であり続けたのである。しかるに新出土資料が、いずれも秦漢期の墓からの発見であったため、最大の争点に決着をつける決め手にまではならなかったわけである。

だが最近になって事情は一変した。一九九三年に湖北省荊門《けいもん》市郭店《かくてん》の墓から、七百三十枚ほどの竹簡が出土した。この竹簡はその後整理・解読され、その全容は一九九八年五月に文物出版社から『郭店楚墓《そぼ》竹簡』として刊行された。それによれば、竹簡の中には、三種類の『老子』抄本や『太一生水《たいいつせいすい》』と名づけられた道家関係の著作、『礼記《らいき》』緇衣《しい》篇をはじめとする儒家関係の著作などが含まれている。そして最も重要な点は、これらが戦国時代中期の後半、前三〇〇年頃に造営された墓から出土した点である。戦国期の墓から思想関係の文献が発見されたのは今回が初めてであり、先秦か秦漢以降かとの論争に決着をつける、いくつかの決定的な決め手が得られた。

特に郭店楚簡の中に、儒家関係の著作が多数含まれていたことは、先に述べた孔子の後学、七十子《しちじつし》及びその門人たちの活動を考える上で、有力な手掛かりを提供する。郭店から出土した儒家関係の著作は、『礼記』の緇衣篇、『魯《ろ》穆公問子《ぼくこうもんし》思《し》』、『窮達以時《きゅうたついじ》』、『五行《ごこう》』、『唐虞《とうぐ》之道《のみち》』、『忠信之道《ちゅうしんのみち》』、『成之《せいし》聞之《ぶんし》』、『尊徳義《そんとくぎ》』、『性自命出《せいじめいしゅつ》』、『六徳《りくとく》』、『語叢《ごそう》一』、『語叢二』、『語叢三』、『語叢四』などである。ただし「語叢」は、楚の太子の教育係（「東宮《とうぐう》の師」）と目される被葬者が、さまざまな文献から有益な文章を抜粋して、太子教育のテキスト用に編集したものと考えられる。したがって、その中に儒家的な文章が多数含まれてはいても、その全体を儒家の著作と見なすわけにはいかない。儒家的内容をほとんど含まない『語叢四』などは、とりわけそうである。また竹簡に篇名が記されていたのは『五行』のみで、後はすべて竹簡を整理した中国の研究者が、内容の特色を考えて便宜的に命名したものである。

春秋・戦国期に遡る「六経」

さてこれらの儒家的著作から、我々はどのようなことを知り得るのであろうか。その第一は、「六経」の成立時期である。すでに触れたように、儒教では『詩』『書』『礼』『楽』『易』『春秋』の六種の書物を経書・経典と見なし、「六経」と総称する。これまでは、『易』が儒教の経典になったのは、民間人の書籍所持を禁ずる始皇帝の「挟書《きょうしょ》の律」や焚書坑儒《ふんしょこうじゅ》により、儒者が『詩』や『書』を口にすることを禁じられ、実用の書として禁圧の対象外とされた『易』を経典に取り込んでからだとされてきた。つまり『易』は秦漢以降に、初めて儒教の経典になったというのが従来の定説だったのである。

だが郭店楚簡の『六徳』には、「諸を詩・書に観れば、則ち亦た在り。諸を礼・楽に観れば、則ち亦た在り。諸を易・春秋に観れば、則ち亦た在り」と、『詩』『書』『礼』『楽《あつ》』『易』『春秋』を経典視する記述が見える。さらに『語叢一』にも、「易は天道と人道を会むる所以《ゆえん》なり」とか、「詩は古今の志を会むる所以なり」「春秋は古今の事を会むる所以なり」といった記述が含まれる。これによって前三〇〇年をかなり遡《さかのぼ》る時期から、すでに『易』が儒教の経典とされ、「六経」の考え方が成立していたことが判明した。

郭店楚墓の造営時期は、副葬品の特徴から前三〇〇年頃と推定されている。また副葬品の中に、高齢者に対して君主から下賜される鳩《きゅうじょう》杖が含まれていたことから、被葬者は七十歳を超える高齢だったと推定されている。とすれば郭店楚簡は、被葬者の男性が生前所持していた書籍であるから、それが筆写された時期は、前三〇〇年を相当遡るとしなければならない。もし被葬者が七十数歳で死亡し、二十歳頃にこれらの書物を入手していたとすれば、郭店楚簡は前三五〇年頃にはすでに書写されていたことになる。

しかもこれらの書物が原著ではなく、転写を重ねた写本であることを考慮すれば、原著の成立は書写された時期をさらに遡り、戦国前期や春秋末がその時期になるであろう。またこれらの儒家的著作は、孔子の孫である子思と魯の穆公の問答を記す篇の存在や、思想内容の特色から、主に子思学派の著作と考えられる。したがって、もともとこれらの著作は、七十子及びその門人たちの活動時期とほぼ同じころ、斉《せい》や魯の地方で書かれたと推定される。とすれば「六経」の考え方も、孔子の死後まもなく、七十子の時代にすでに成立していた可能性が高くなる。

また『礼記』緇衣篇が出土したことも、大きな意味を持つ。現行の『礼記』四十九篇は前漢の学者・戴聖《たいせい》が伝えた『小戴礼記《しょうたいらいき》』に基づくとされる書物であるが、その中の大学篇と中庸篇を南宋の朱子が抽出して、『大学』『中庸』として独立・単行させ、さらに『論語』『孟子』と合わせて四書と称した。のちに朱子学が大いに流行したため、大学篇と中庸篇は『礼記』の中で最も有名な篇となり、その結果、両篇の成立時期が大きな関心を集めることとなった。

『史記』孔子世家《せいか》で司馬遷《しばせん》は「子思は中庸を作る」と述べて、中庸篇の作者を孔子の孫の子思としている。一方の大学篇の作者については、子思とする説や曾参《そうしん》およびその門人とする説などがあるが、いずれも確証に乏しい。もっとも、大学篇と中庸篇の作者を七十子の徒とする点では共通しており、これが伝統的な理解であった。

こうした見方が大きく転換したのは、清末公羊《くよう》学派の康有為《こうゆうい》に源を発する胡適《こせき》・銭玄同《せんげんどう》や顧頡剛《こけつごう》などの疑古派の活動以後のことである。疑古派はそれまで先秦の書とされてきた文献に対して、片っ端から疑念を提示し、その多くに秦漢以降の成立だとの判定を下した。こうした風潮はただちに日本にも伝わり、古代の伝承を無批判に信じ込むのは非学問的態度であり、文献を精緻に分析して古代伝承に批判的姿勢を取ることこそが、真に科学的な研究なのだとする考えが学界の主流となる。

『大学』や『中庸』に対しても、こうした観点から再検討が加えられた。『中庸』に関して言えば、『中庸』全体を前半と後半に二分し、前者を子思本人もしくはそれに近い門人の著作、後者を秦の時代の子思学派の著作と見る武内義雄説、二分説を否定した上で、戦国末の荀子の頃に成立していた原型を秦の始皇帝の時期に完成させたとする赤塚忠説、道家思想の影響や漢代的述作形態との酷似を指摘して、『中庸』を前漢武帝期以降の作とする津田左右吉説などが、その代表的なものである。同様に『大学』も、おおむね秦漢期以降の儒家の著作とされるに至った。

その結果、大学篇・中庸篇を含む『礼記』自体についても、その大半の篇は、秦漢の儒家の著作と考えられるようになった。だが郭店楚簡の中から『礼記』の緇衣篇が発見されたことにより、疑古派の諸説は根本から覆《くつがえ》ってしまった。緇衣篇は、表記篇・坊記篇とともに、かねてから中庸篇との密接な関連が指摘されてきた篇である。緇衣篇は、孔子が天下の為政について自説を開陳する体裁を取るが、現行本の緇衣篇の中で孔子は『易』の文句を引用している。『易』が儒家の経典になったのが、秦の始皇帝以後だとするのが疑古派の見解であったから、それに従えば、緇衣篇の成立も当然漢代に入ってからだということになる。ところが戦国中期の墓から緇衣篇が出土した以上、その成立を漢代だと主張することは全く不可能となった。おまけに郭店楚簡の緇衣篇には『易』の文句が存在しない上、前三〇〇年以前からすでに『易』が経典と見なされていたことも判明したから、疑古派の論拠は完全に吹き飛んでしまったわけである。

こうした状況を踏まえるならば、『礼記』四十九篇の大半は、やはり七十子及びその後学の手に成ると考えるべきであろう。そこで『礼記』や郭店楚簡を資料に用いて、孔子から孟子に至る儒教の展開を探ることが可能となってきたのである。

さらに一九九九年一月五日付の中国の日刊紙「文匯報《ぶんわいほう》」は、上海博物館が香港の骨董市場から、戦国時代の墓から出土した竹簡約千二百本を購入して整理・解読を進めており、その成果は近く公刊されると伝えた。その内容は、『易経《えききょう》』をはじめとして、儒家・道家・兵家などの著作八十数篇、約三万五千字にわたり、『礼記』緇衣篇や『礼記』孔子間居篇、周の宣王に仕えた太史籀《たいしちゅう》に関わる『夫子答史籀問《ふうしとうしちゅうもん》』、孔子の詩論や『賦』、『楽礼』『楽書』など音楽に関する篇、『顔淵《がんえん》』『子路《しろ》』『子羔《しこう》』『曾子《そうし》』『曾子立孝《りっこう》』など孔子の門人に関する諸篇、道家に関する著作と目される『恒先』『彭祖《ほうそ》』、『曹沫之陳《そうまつのじん》』といった兵書などが含まれている。

「思想史の編年」のまやかし

今後これら新出土資料の研究が進めば、春秋末から戦国末までの諸子百家の思想が、これまでとは比較にならないほど鮮明にされるであろう。そして従来の通説・定説の類は、より大規模に、より徹底的に破壊されるであろう。先秦の書を疑って漢代以降の成立だと主張してきた疑古派の学説は、今や壮大な屁理屈の山と化しつつある。あの一見緻密そうに見えた論証の、どこに欠陥があったのであろうか。彼らは『史記』『漢書』に記されるような古代の伝承を、信憑性《しんぴょうせい》に乏しいとして片っ端から疑ったのだが、疑う側の論拠の方が、主観的こじつけに傾いていて、実は疑わしかったのである。

疑古派の立場から書物の成立時代をできるだけ引き下げようとする側は、「思想史の編年」などという考え方を、もっともらしく主張してきた。だが「思想史の編年」なるものを組み立てる基準は、似たような思想は同じ頃にできたというに過ぎない。だがこうした基準は、似たような思想が長期間存続した場合は有効性を持たない。古生物学でいえば、ある限られた時代にのみ棲息し、その後絶滅した生物は、特定の時代を割り出すための指標、示準《しじゅん》化石となれる。これに反してカブトガニやオウムガイのように、生きた化石と呼ばれるような、ほとんど形を変えないまま、長い時代を生き延びてきた生物の化石は、時代を特定する指標にはなりにくい。シーラカンスが捕獲されたからといって、コモロ諸島沖が古生代の海だということにはならない。

しからば古代思想史の分野で、一見似たように見える思想の内部をさらに細かく分類し、より精密な編年を作り上げることは可能だったであろうか。答えは否《いな》である。古代儒家思想について言えば、編年を組み立てる指標になり得るのは、せいぜい『論語』『孟子』『荀子』

の三つぐらいしかない。こうした制約の下で、『論語』にはなく『孟子』に似ているから孟子の頃にできたとか、『論語』や『孟子』にはなく『荀子』に似ているから荀子の頃にできたなどと言ってみても、指標とされる『論語』『孟子』『荀子』それぞれの前後の状況が皆目不明で、そのパターンの思想が『孟子』や『荀子』の直前にできたのか、それともかなり前からできていたのか、『孟子』や『荀子』の直後に消滅したのか、その幅と様式変化の状況がほとんど分からない以上、そうした判定方法は何の有効性も持たない。

このように考えてくると、豊富な材料を用いた細かな様式変化の編年がないにもかかわらず、似たものは同じ頃にできたというだけのお粗末な基準を振り回し、それを乱麻を断つ快刀であるかのように錯覚して小利口ぶったところに、失敗の原因があったとしなければならない。馬王堆前漢墓から出土した『五行篇《ごこうへん》』に対して、日本と中国の大勢の学者は、『荀子』の影響が見られるなどと指摘して、やれ戦国の最末期だとか、やれ秦代だとか、漢初だとかと説を唱えたが、戦国中期、前三〇〇年頃の郭店楚墓から『五行篇』が発見されたことによって、たちまち粉砕されてしまった。この事実も、「思想史の編年」なるものが、いかにいい加減で当てにならないかを示す好例であろう。

三　思想家の誕生

最初の学団形成

西周から東周の春秋時代前半まで、古代中国の人々が法《のっと》るべき規範と仰いだのは、堯《ぎょう》・舜《しゅん》・禹《う》・湯《とう》・文《ぶん》・武《ぶ》といった古代先王《せんのう》の言葉である。ために先王の言葉を収録する『詩経《しきょう》』『書経《しょきょう》』は、中国世界の人々が共通してその権威を認める典籍、経典の扱いを受けたのである。そこで自説を述べて他人を説得しようとする場合、「先王の令に之《これ》有りて曰《いわ》く」（『国語』周語中）とか、「詩に亦た之有りて曰く」（同）と、『詩経』や『書経』に記される先王の言を引用して、自説を補強するのが、当時の知識人の常套《じょうとう》手段であった。このように、天から命令を受けて新王朝を開いた王者の発言こそが、中国世界の人々にとって、唯一の権威ある教えであったから、一介の民間人の言論を法るべき教えと見なすことなど、その当時は全く考えられないことであった。

ところが春秋後期になると、思想家個人が門人を集めて学団を形成し、学団内において、師匠の言説が法るべき規範、尊重すべき教えとされる状況が生まれてくる。この新たな風潮の先駆は、孔子が魯の都・曲阜《きょくふ》に開いた学団であった。筆者の孔子や儒教に対する考えは、通説とはかなり異なっているが、以下にその考えを述べてみよう。

孔子学団の性格

孔子は自ら礼学の師匠を名乗って、多数の門人を集めた。古代先王は、それぞれ自分が創始した王朝に固有の礼制や、新王朝の下で太平が訪れたことを祝う音楽を制定したとされる。だがそうした古代の礼楽は、永い時の経過とともに伝承者を失って忘れ去られ、孔子の時代にはほとんど具体的中身が分からない状態であった。だが孔子は、自分だけは夏《か》・殷《いん》・周三代の王朝の礼楽に精通していると宣伝した。そこで父兄は、子弟を孔子の学団に入門させて礼楽の知識を学ばせ、その知識によって仕官の道が開けることを期待した。

したがって孔子の学団においても、教えとして学ぶべき対象は、やはり先王の教えであり、先王の礼楽であった。ただしそれは、あくまでも孔子の言説を経由した先王の教えでしかない。さらに師匠と門人が一つの学団を形成する以上、当然門人たちは、師匠が示す先王の教え以外に、師匠の言説をも自分たちが学ぶべき教えだと考えるようになる。

その結果、先王の教えの上に孔子の個人的教えが乗っかる、二段重ねの構造が出来上がる。つまり伝統的権威を持ち、普遍的価値を認められてきた先王の教えの上に、一介の民間人たる孔子の教えが乗っかり、後者は前者が持つ既成の権威を借りる形で、自己を箔づけする構造が生じたのである。

古代先王の教えこそが唯一の普遍的教えだとの観念がまだ強固な時代に、初めて個人によって開設された学団であるから、孔子の学団がそうした二重構造を宿すのは、時代の制約からくる当然の現象だったと言えよう。

孔子は周王朝の衰退が招いた乱世をしきりに慨嘆し、本来在るべき世界秩序の回復を唱え続けた。だがそのために孔子が提示した手段は、文王・武王・周公旦《たん》の時代、つまり周初の礼制に復帰せよというに過ぎず、しかもそのように主張する孔子自身、周初の礼制など、実は何一つ知らなかった。このように孔子の思想活動の出発点そのものが、極めて詐欺的性格の強いものであった。しかも孔子は、魯に周に代わる新王朝を樹立して自ら王者となり、わが手で復元した周初の礼制を地上に復活させようとする妄想に取りつかれる。

この狂気を帯びた誇大妄想は、もとより実現はしなかったが、孔子の夢想が現実世界に阻《はば》まれて挫折したとの怨念は、孔子の後学たちの間に深く浸透し、以後儒教の中に深い陰翳を刻むことになる。

孔子の死後、子貢《しこう》・子夏《しか》・子張《しちょう》・曾参《そうしん》など、七十子と総称される直伝の門人たちは、それぞれに門人を集め、魯や斉を中心に思想活動を行う。その際、彼らの意識には、孔子は王者として新王朝を創始すべき聖人だったのだと宣伝し、孔子の怨念を晴らさんとする復讐心が強く作用し続けた。そのため彼らは、礼楽に関する古代の伝承を収集・整理したり、ある部分は空想を交えて捏造《ねつぞう》したりして、三代の礼楽に関する文献をせっせと書き綴り、それを孔子が門人に伝授する形で叙述する手法を用いて、いかにも孔子が三代の礼制に精通していたかのように見せかけた。現在『礼記』や『大戴礼記《だたいらいき》』などに収録される諸篇の大半は、こうした偽装工作によって生み出されたと考えられる。

また彼らのある部分は、孔子は魯の編年体の歴史記録である『春秋』に筆削を加え、そこに孔子王朝の理念を込めたとする虚構を考え出した。そして彼らは、孔子が『春秋』に込めた微言から大義を抽出するには、特殊な解釈方法が必要だとして、公羊《くよう》学・穀梁《こくりょう》学・左氏《さし》学などの流派を生み出した。

四　黄金期とその終焉

墨家・兵家・道家の誕生

孔子の学団に続いて現われたのは、墨子の学団である。墨子の学団もやはり魯の国内で誕生した。儒家と墨家の思想は大きく異なっていた上に、学団の根拠地がともに魯国であったため、『墨子』には孔子の後学たちと墨子が交わした論戦の様子が記録されている。そして儒家も墨家も魯を根拠地にしつつ、広く国外に教線を拡大していったため、荘周《そうしゅう》（荘子）が「儒墨の是非」と呼んだ両者の対立も、天下全体に広がっていく。かくして儒家と墨家は、戦国時代の全期間を通じて、最も大きな勢力を誇る諸子百家の双璧となったのである。

またこれより少し前、孔子とほぼ同じ頃に、南方の呉《ご》では兵法家の孫武《そんぶ》が活躍している。

呉人《ごひと》はもともと漢民族ではなく、長江下流域に居住する未開の蛮夷であったが、前五八五年に族長の呉寿夢《ごじゅぼう》が王号を僭称して呉を建国した。以来たびたび隣接する楚《そ》と干戈《かんか》を交えてきたが、呉王闔廬《こうりょ》の代を迎えるや、にわかに強大になる。このとき闔廬に仕えて将軍となったのが、『孫子』十三篇の作者とされる孫武である。孫武はもともとは斉《せい》の国の出身であったから、彼によって中原《ちゅうげん》の軍事思想が呉に導入されたと考えられる。

孫武を召し抱えた闔廬は、楚に対する大規模な侵攻作戦を企てた。前五一一年、闔廬は伍《ご》子胥《ししょ》と孫武が立案した対楚戦略を実行に移し始める。呉軍は楚軍をあちこち奔走させて、しだいに疲労させる作戦をとる。これら一連の機動戦によって、強大な楚の軍事力が疲弊しきったのを見とどけたうえで、前五〇六年、呉は蔡《さい》・唐《とう》二国の兵をも合わせて楚に総攻撃をかけ、五度の会戦に連戦連勝して、ついに長駆、楚の都の郢《えい》(湖北省江陵)に入城する。楚王は命からがら北辺に逃亡し、春秋の超大国である楚のほぼ全域が、またたく間に占領されるといった空前の大勝利を収める。

この勝利によって兵法家・孫武の名声は天下に鳴り響き、『孫子』十三篇を奉ずる学派が形成される。従来、春秋時代には思想家個人の著作は存在しないとされてきたが、『孫子』は春秋末に書かれた、最も古い個人的著作と言える。

儒家・墨家・兵家の誕生を見てきたが、それと相前後して、道家の祖とされる『老子』が成立したと考えられる。『老子』の成立時期を最も古く設定するのは、孔子とほぼ同時代の春秋末とする『史記』老荘申韓《しんかん》列伝である。だがこの伝承を信ずるに足らないとして退け、『老子』を戦国期後半から漢初にかけての成立と見るのが、近年の通説であった。ところが馬王堆前漢墓から帛書『老子』が発見され、さらに郭店楚墓から竹簡本『老子』抄本が発見されるに及んで、従来の通説も大幅な見直しを迫られている。先に述べたように、前三〇〇年頃の造営と推定される郭店楚墓から『老子』抄本が出土し、かつ被葬者が七十歳を超える高齢だったことを考慮すれば、『老子』抄本が書写された時期は、前三三〇年とか前三四〇年頃に設定しなければならないであろう。しかも原著が成立してから、転写を重ねて広く流布するまでには、相当の期間を要する。

したがって『老子』は、戦国前期（前四〇三〜前三四三年）にはすでに成立していた可能性が高い。そして『史記』が指し示す時期、すなわち春秋末に『老子』が存在していた可能性すら、決して否定はできないのである。もしそうだとすれば、儒家・墨家・兵家・道家などは、ほぼ時を同じくして誕生したことになる。

法家思想の発展――申不害の形名参同術

墨子の死の前後、時代は春秋から戦国へと転換する。戦国期に入ると、ますます多くの思想家が現われ、本格的に諸子百家の時代が幕を開ける。儒家・墨家・兵家・道家に続いて現われたのは、法家である。法家の思想家としては、呉起《ごき》や商鞅《しょうおう》、申不害《しんふがい》や慎到《しんとう》、そして韓非《かんぴ》子《し》などが活躍する。ただし本編では韓非子しか取り上げなかったので、ここでそれ以外の思想家についても、簡単に触れておこう。

申不害は戦国前期の思想家で、その伝記については『史記』に簡略な記述がある。それによれば、申不害は鄭《てい》の下級官吏であったが、韓の昭侯に自分の学術を売り込んで、任用を求めた。その才能を認めた昭侯は、彼を宰相に抜擢する。その後申不害は、十五年にわたって韓の国政を担当し、大いに治績を上げたという。

申不害の著作は、『史記』に二篇、『漢書』芸文志に六篇と記録されるが、その後亡《ほろ》んでしまった。だが他の書物に引用されて残った佚文《いつぶん》によって、彼の思想の要点を知ることができる。

申不害の思想は、君主の個人的賢智に頼る統治方法の否定から出発する。君主個人の認識能力には限界があって、大勢の臣下の行状をいちいち監視できないし、君主の個人的能力が人並みはずれて優秀だとも限らない。しかも傑出した能力を持つ君主が出現する確率は極めて低い。

そこで申不害は、それに代わる方法を二つ提出する。第一は実定法（成文法）による客観的統治であり、第二は形名参同術《けいめいさんどうじゅつ》による臣下の督責である。とくに後者は、韓非子に受容されて後世に大きな影響を与えた。申不害は君主が臣下に仕事を命ずるとき、臣下の発言・申告（名）と、その後の実績（形）を照合する方法を発案した。必要な人員・費用・期間や役割分担、見込まれる成果など、事前に詳細な計画書を提出させる。そして、必ず計画書どおりに事業を成功させますと誓約させる。これは、君主と臣下（官僚）の間で交わされた、一種の契約である。もとよりその契約は、証拠として、すべて文字（名）で記録しておく。申不害の言う名とは、こうした文字記録（文書）を指している。

約束の期限がきたら、君主は臣下の実績と最初の契約を照合（参同）して、臣下の働きぶりを査定し、賞罰を与える。この方法で君主が官僚を使役すれば、いちいち乏しい賢智を労せずとも、多数の官僚を制御して、自動的統治を達成できる。これが、申不害が発明した形名参同術である。実定法の規定を客観的基準に据えた上で、君主と臣下が業務について文書で契約する方法は、官僚制度の根幹とも言うべきものであり、戦国前期にいち早く形名参同術を発案した申不害の功績は、中国的官僚制度の基礎を築いたものとして、永く記憶されるべきであろう。

慎到の法思想

慎到は申不害よりやや遅れて、戦国中期に活動した思想家である。もともとは趙《ちょう》の国の人であったが、威王・宣王のころ斉の都・臨淄《りんし》に移り住み、稷門《しょくもん》の下に屋敷を与えられて上大夫《じょうたいふ》の待遇を受ける、稷下《しょくか》の学士の一人となった。

慎到の著作に関しては、「十二論を著《あらわ》す」（『史記』孟子荀卿《じゅんけい》列伝）とか、「慎子《しんし》四十二篇」

（『漢書』芸文志）と記されるが、早く亡んでしまって見ることができない。ただし明《みん》代以降、佚文を集めた輯本《しゅうほん》が数種作られており、その中では守山閣《しゅざんかく》本『慎子』が最も信頼できる。したがって、我々は守山閣本『慎子』によって、彼の思想の要点を知ることができる。

それによれば慎到の思想も、やはり君主の個人的賢智への不信感を出発点としている。君主の主観的判断は安定性に欠け、とかく独善に陥りやすい。しかも君主の賢智が、臣下の誰よりも優れている保証はない。たとえ君主が抜群の能力を備えていたとしても、たった一人で統治すれば、疲れはてて賢智も働かなくなってしまう。

そこで慎到は、君主個人の能力に頼る支配は不可能だから、別の方法が必要だと言う。その第一は、民衆や官僚への業務委託である。そもそも民衆は、政府がいちいち監督・指導しなくても、それぞれに自活する能力を備えている。だから政府が民間への規制や介入を減らし、民間の自活・自営に委ねれば、効率も上がって君主の苦労も減る。

また君主が自分の賢智を働かせて率先して指揮を取れば、失敗したときに臣下からその責任を追及される。そこで普段から臣下に官職を割りふり、分業体制で実務を担当させれば、君主は何もせずに済む。

第二の方法は、自動的統治を可能にする勢位の保持である。勢位とは、民衆や官僚が各自の分担に励んで、君主の能力不足を補う、「助けを衆に得る」（『慎子』威徳篇）必治の態勢である。君主の地位や権力、官僚制度や法律といった人工的に作り出された態勢さえ保持すれば、後はそれが自動的に機能して君主を助け、必ず国家は治まると言うのである。

第三の方法は、実定法による統治である。君主の気まぐれによる統治は、賞罰に不公平を生じて民衆の恨みを買う。これに対して法に基づく裁定は、公正で客観的な性格を持つため、誰も不平を言わない。そこで慎到は、たとえ悪法であっても、君主一人の心で統治するよりはずっとましだと、法による支配を説いたのである。

従来の慎到に対する評価は、概してその勢位の思想が韓非子に影響を与えた点を指摘するだけにとどまってきた。慎到の著作が早く失われ、彼の全体像が摑みにくかったことも、そうした低い評価を生む一因だったであろう。だが、富国強兵が急務の戦国時代に、はたして彼の思想が通用したのかといった時代的制約をはずして見るとき、慎到の思想には、現代の社会に通ずる普遍的要素が、韓非子よりもはるかに豊富に見出される。

十九世紀ドイツの社会思想家、フェルディナント・ラサールは、国家の最も重要な役割は立法にあり、法律の制定後は、国家はその機能を防衛や治安維持など、必要最小限に抑えて、後は国民の自由に委ねるべきだとする、夜警国家の考え方を提出した。民衆の自活能力に信頼を置きながら、法による支配を説く慎到の思想は、すでにそれに近い性格を示している。

変法家・商鞅が作り上げた軍国体制

申不害や慎到は、法の本質を客観的基準と考える立場の法思想家であったが、それとは大きく異なる立場の法思想家も存在した。法の本質を国家や君主の意図を実現するための誘導技術と考える立場で、法術思想と呼ばれる。その代表は商鞅である。

商鞅は戦国中期の変法家で、衛《えい》という国の公子だったため、公孫鞅《こうそんおう》とか衛鞅《えいおう》と呼ばれた。さらに秦に仕えた後、於商《おしょう》の邑《ゆう》の領主となったので、商鞅とか商君とも呼ばれるようになった。初め魏《ぎ》の国に仕えたが、秦の孝公が有能の士を募集したのに応じ、孝公に仕えて二度にわたる大胆な法制変革、国家改造事業に着手した。

その要点は、斬首した敵兵の数に応じて爵位を与え、爵の等級に応じて社会的地位が上昇するといった形で、軍功の程度と官爵の等級と社会的序列の三者を厳しく対応させる点にあった。その他、商鞅の変法令には、民衆を什《じゅう》（十人組）や伍《ご》（五人組）に組織して連帯責任を負わせる什伍の制や、悪事の密告を奨励して相互に監視させる告姦の制、放蕩息子の無駄飯食いを防ぐ分家の強制、穀物を増産して租税を多く納めた者への労役免除、私的決闘の禁止、商工業の抑圧など、多くの改革が盛り込まれていた。

商鞅は、富国強兵に直結する穀物生産と戦闘のみを残す合理性を徹底的に追究し、古い社会体制が宿す多様で曖昧な伝統的価値を一切排除して、農業と戦闘以外の手段では決して出世できない、全く新しい軍国体制を作り上げようとしたのである。もちろん、あまりに過激な改革だったから、反対意見も続出したが、商鞅は太子をはじめとする保守派を弾圧して、強引に国家改造計画を実行に移した。

もはや農業と戦闘以外には何の価値も見出せなくなった秦の民衆は、その一挙手一投足を、すべてのエネルギーを、無駄なく軍国体制に注ぎ込む。かくして秦は、戦時体制が常態である巨大な戦闘マシーンへと変貌した。

前三五二年、商鞅はさっそくこの戦闘マシーンを自ら動かし、魏の軍事拠点である安邑《あんゆう》を一挙に攻略して、内外にその威力を示した。続いて彼は、咸陽《かんよう》に新たな国都を建設したり、耕地の区画を整理したり、税制を刷新したりと、改革の第二段階を推進した。その結果、秦の国力はさらに充実し、秦の軍隊の強さは天下の諸侯の恐怖の的となった。

続いて商鞅は、再び戦闘マシーンを自ら指揮して魏に侵攻し、敵将を殺して魏軍を撃破した。彼はこの軍功によって、於商十五邑の領主の地位を与えられた。さらに商鞅は、宰相として国政の実権を握り続けたが、彼を信任していた孝公が死去し、かつて商鞅が処罰した太子が即位するや、彼の運命はにわかに暗転する。謀反《むほん》の嫌疑をかけられた商鞅は、追っ手を逃れて魏に奔《はし》るが、彼に怨みを持つ魏の人々は、その亡命を許さず、逆に身柄を秦に引き渡す。途中で辛《から》くも脱走した商鞅は、於商の兵を率いて戦うが敗死し、その屍《しかばね》は車裂きの刑に処せられる。前三三八年のことであった。

商鞅は、互いに領土を侵削し合う戦国期の状況を前提に、法術による軍国体制を完成させた。確かにそれは、戦国期を勝ち抜く最も効果的な方法であった。商鞅の死後も、彼が作り上げた戦闘マシーンは、東方に向かってその威力を振るい続け、次々に六国《りっこく》を滅ぼして、前二二一年に天下を再統一する。まさしく商鞅は、秦帝国の土台を築いた男であった。だが秦帝国は、敵国が消滅して平和が訪れた後も、なお戦時国家の体制から抜け出せずに滅んでいく。輝かしい成功を収めた商鞅と秦。それは同時に、自ら切り開いた時代に敗れ去る者の悲劇でもあった。

『管子』の説く実利追究

明確に法家の書とは言えないが、諸子百家の時代の著作として無視するわけにいかないのが『管子』である。『管子』は斉の管仲《かんちゅう》の書と伝えられる。管仲は若年の頃、鮑叔牙《ほうしゅくが》と親友になった。管仲は貧しさのあまり、たびたび鮑叔牙を裏切って利益を得たが、それでも鮑叔牙は管仲を見捨てずに交際を続けた。いわゆる「管鮑《かんぽう》の交わり」である。その後、鮑叔牙は斉の公子・小白《しょうはく》に仕え、管仲はライバル関係にあった小白の兄の公子・糾《きゅう》に仕えた。やがて両者は斉の君主の座を争ったが、小白の側が勝利し、小白は桓公として即位する。敗れた公子・糾についていた管仲は捕虜となったが、鮑叔牙は彼を桓公に推挙し、桓公は管仲を宰相に抜擢する。

管仲は桓公を補佐して富国強兵を実現し、斉はにわかに強大となった。桓公は強大な国力を背景に軍事的勝利を重ね、しばしば諸侯を招集して会盟を主宰し、麻のごとく乱れていた天下に秩序を回復する。周の天子から功績を認められた桓公は、覇者として中原に威勢を振るい、覇業を支えた管仲もまた、名宰相の評価を不動のものとした。

古来『管子』は管仲の著作と伝承されてきたわけだが、これをそのまま信用することはできない。『漢書』芸文志が『管子』を道家に分類する一方、『隋書《ずいしょ》』経籍志《けいせきし》は法家に分類するように、『管子』は政治・経済・軍事に関する雑多な内容を含んでおり、とても一人の著作とは考えられない。また記述の内容も、春秋時代よりも後の戦国期のものが大半を占め、中には漢初まで降《くだ》るかと思われるものすらある。

管仲像（明版『集古像賛』）

戦国中期の威王や宣王の頃、斉は都の臨淄に多くの学者を招き、東方の強国として西方の秦に対抗していた。恐らく『管子』はこの時期に、かつて桓公と管仲が成し遂げた斉の覇業を受け継いで、斉により天下統一を実現しようと願った人々が、その精神的支柱として著作・編集したものであろう。その作業は戦国末まで続き、一部は漢帝国の成立後も、劉邦《りゅうほう》の一族が封建された斉王国内部で書き継がれたと思われる。

『管子』は多様な内容を含むが、全体的に見ると、そこにはやはり管子学派としての強い個性が存在している。その最大の特色は、観念的な空理空論を避けて、物質的側面を重視しようとする即物的・現実的姿勢にある。

やれ仁義だ礼節だと倫理・道徳を振り回してみても、飢えや寒さに苦しみ、日々の生活に困窮した民衆は、聞く耳を持たない。「倉廩《そうりん》実《み》つれば礼節を知り、衣食足れば則ち栄辱を知る」(『管子』牧民篇)のであって、そんな説教より、今日を生き延びる食料や衣服が欲しいというのが、彼らの切実な願いである。だから統治者にとっては、空《から》念仏よりも、具体的に国土を開発して産業を興し、物資を増産して富を蓄積し、目に見える形で民衆の生活を安定させる方が先決なのだ。

これが『管子』の立場で、こうした発想は各分野にわたってみられる。たとえば『管子』が説く兵法には、戦意の高揚といった精神面よりも、軍費や軍需物資の蓄積、兵器の性能向上、工兵部隊の整備など、物質的要因を優先させる傾向が強い。やはりこれも、経済重視の管仲の思想の反映であろう。

一般に中国人は即物的発想を好み、功利性を重視するが、何よりも実学・実利を追究する『管子』は、そうした中国的特色を最もよく伝える書物と言える。

稷下の百家争鳴

以上、法家系統の思想家について、やや詳しく解説した。この他にも、「天下の安寧にしてもって民の命《いのち》を活《い》かし」、「民の闘いを救い、攻を禁じ兵を寝《や》め、世の戦いを救わん」（『荘子』天下篇）ことを願った宋銒《そうけん》や尹文《いんぶん》の学派も、反戦・非闘の平和主義を掲げて盛んに活動したし、また上は君主から下は庶民に至るまで、すべての人々が自ら農耕すべきだと、天下皆農を訴えてまわった許行《きょこう》の学派（農家）も存在した。さらに恵施《けいし》や公孫龍《こうそんりゅう》といった論理学派（名家）、国際的な謀略活動に従事した蘇秦《そしん》や張儀《ちょうぎ》などの縦横家、複数の学派を折衷する雑家など、多くの学派が現われて諸侯の間を遊説して歩く。もとより儒家や墨家の活動は、以前にも増して盛んに行われたし、兵家もまた多くの流派を生み出しながら発展し続けた。

これらの諸子により、世界のあるべき姿や、国家の望ましい統治方法、理想的人間像などについて、多彩なアイデアが提出された。彼らは門人を引き連れて各地を遊説し、行く先々の君主に対し、自己の思想を受け入れるよう弁論活動をくり広げた。当然、異なる学派があちこちで鉢合わせする結果となり、至る所で論争が展開された。そうした論戦の過程で、異質な思想同士が刺激し合って、相手から新しい要素を取り入れながら、それぞれの学派はさらに思索を深めていく。

こうした状況に一層拍車を掛けたのは、斉の威王（在位＝前三五八〜前三二〇年）と宣王（在位＝前三一九〜前三〇一年）による思想家の招聘《しょうへい》・優遇策である。威王と宣王は天下中から著名な学者を招聘し、それに応じて集まった学者には、国都である臨淄の稷門の下に屋敷を与え、上大夫の待遇で召し抱えた。その結果、威王のときに七十二人が稷下に集まり、

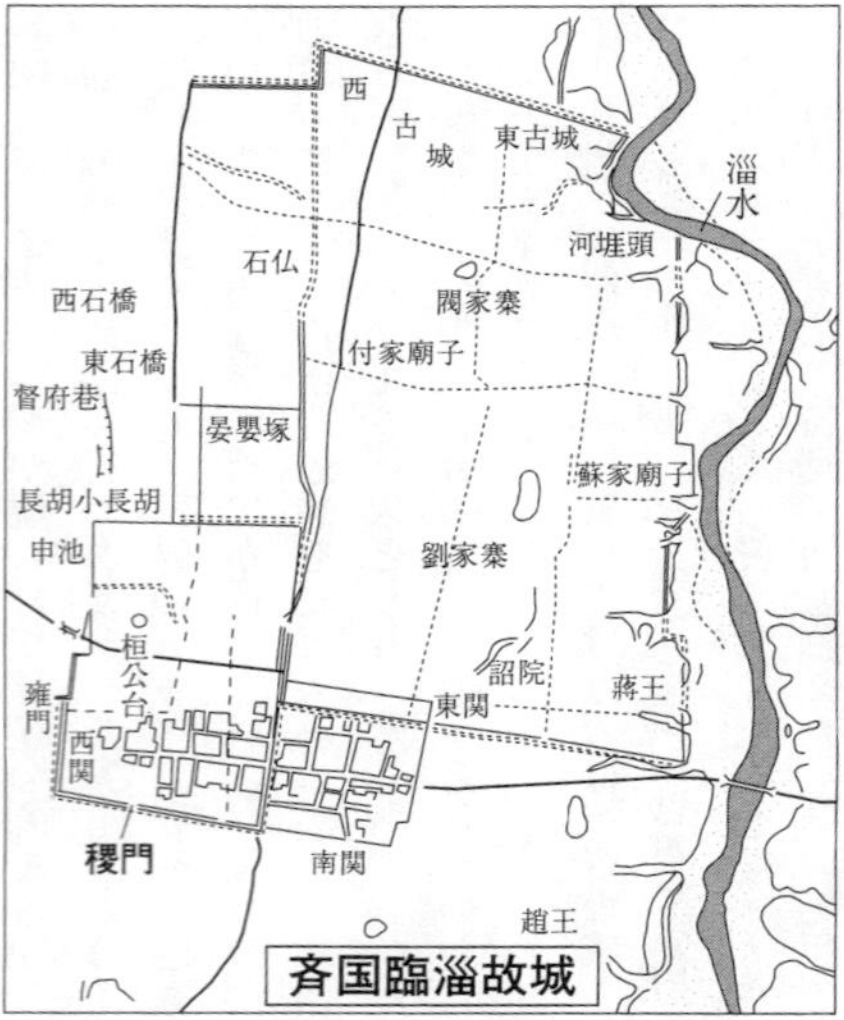

斉国臨淄故城

次の宣王のときには数百人から千人にも達する学者が集まるなど、多数の思想家が狭い地域に集結する状態が出現した。この思想的集積は、各学派が異質な思想と接触する機会を飛躍的に増し、論争を活発化させるとともに、より広範な思想的影響関係を生み出す。かくしてこの時期、臨淄は学術・思想の中心地となり、稷下の学士を中心に諸子百家の黄金時代が出現した。陰陽家の鄒衍《すうえん》が、斉を中心に趙や魏や燕《えん》まで遊説の足を延ばしたのも、ちょうどこの頃である。

宣王の次の湣《びん》王（在位＝前三〇〇〜前二八四年）の治世になると、斉が燕に敗北して国土の大半を占領されるなどしたため、一時稷下の学は衰退したこともあるが、つぎの襄《じょう》王（在位＝前二八三〜前二六五年）の時代にすぐ復興したので、斉に思想家が集まる状況は戦国最末まで継続し、戦国後期を代表する儒者である荀子も、襄王の時代の一時期、斉の稷下で活動して三度も祭酒（学長）の役を務めている。

一方、西方に目を転ずれば、秦の宰相・呂不韋《りょふい》（前二九〇頃～前二三五年）は、目前に迫った秦による統一を睨《にら》んで、秦王朝の天下統治の理念を提出すべく、食客三千人を動員して、『呂氏春秋《りょししゅんじゅう》』を編纂させた。そこには、天人相関思想と封建体制を基軸とした王朝体制がしめされていたが、罪を得て呂不韋が失脚したため、彼が提示した理念もまた廃棄された。それに代わって、来るべき統一国家の理念となったのは、韓非子流の法術思想であった。

秦帝国による思想弾圧

前二二一年、秦は東方の六国を完全に滅ぼして、中国世界を再統一する。始皇帝と宰相の李斯《りし》は、封建制を廃止して郡県制を施行するとともに、韓非子流の法術思想によって巨大な帝国を運営した。しかも封建制復活の是非をめぐる論争に絡んで、民間人の書籍所持を禁ずる「挟書《きょうしょ》の律」が出され、「詩書を偶語《ぐうご》（語り合う）」（『史記』秦始皇本紀）すれば死罪、焚書を免れようと「詩書百家」（同）の書籍を隠匿すれば強制労働といった、厳重な思想統制が実行された。

秦の統一によって東方諸国が滅亡し、それまで自分たちを保護してくれていた諸侯が姿を消した結果、諸子百家もまた活動の舞台を失ってしまう。その上さらに、「挟書の律」による焚書や思想統制が重なって、この時期に諸子百家の時代はほぼ終息を迎えることとなった。

秦帝国がわずか十五年ほどで滅亡したため、次の漢の時代に入っても、辛くも焚書を免れた書物は残されており、諸子の思想は人々の記憶の中にも保存されてはいた。そのため、漢代にもなお諸子の影響は残存したが、それでも往時の繁栄を回復することは二度となかった。思想弾圧による典籍の大量消滅と学団組織の解体は、諸子百家にとってあまりにも大きな打撃だったからである。

漢代以降の学術は、秦の焚書による消滅を免れた書籍の範囲内という、大きな制約の下に再出発せざるを得なかった。つまり秦の焚書は、その後の中国世界の学術の大枠を規定してしまったわけで、それが後世に及ぼした影響は計り知れないものがある。

五　時代精神

思想を生んだ歴史的背景

諸子百家が活動した春秋・戦国時代は、周王室の統制力が全く失われ、有力諸侯が覇権を目指して争い合う戦乱の世であった。力と力がぶつかり合う分裂状態の中で思想家は、天下はどのように統一されるべきか、国家をいかに統治すべきか、人はいかに生きるべきかなどをテーマに思索を重ね、さまざまな思想を生み出した。

既存の体制が日々崩壊していくにもかかわらず、未来への展望は全く開けてこない混乱状態。一般の民衆にとっては迷惑この上ない時代なのだが、思想家にとっては絶好のチャンスが到来した時代でもあった。もしかしたら、世界は自分が案出した構想通りに統一されるかも知れない。自分の思想が地上に実現されるかも知れない。そうした可能性が現実に存在したからである。こうした夢が思想家を勇気づけ、彼らを膨大な思索と著述、情熱的な遊説活動へと駆り立てた。魏の恵王は遊説に訪れた孟子に対して、「叟《きみ》は千里を遠しとせずして来《きた》る」（『孟子』梁恵王上篇）と語りかけたが、夢が信じられる時代が、思想家の情念を支えていたのである。

一方、各国の君主の側も、積極的に諸子の遊説を受け入れ、しばしば客として厚遇した。諸侯もまた、国家の安定的統治策や、敵国の脅威への対応策などを模索しており、遊説に訪れる諸子から、何か有益な秘策が得られるのではないかと期待したからである。しかも高名な学者を賓客として迎え入れることは、君主の名声を高め、国威を発揚する手段ともなったから、なおさら諸侯は諸子の来訪を歓迎したのである。

諸子百家が盛んに活動し、中国学術史上、稀有な黄金時代を築いた背景には、こうした歴史的状況が存在していた。だが秦の思想弾圧を経て漢代に入ると、かつて諸子百家の思想活動を支えていた社会状況そのものが失われてしまう。確かに漢は秦と違って、学術を保護・

奨励する方針を取った。しかし諸子の活動にとって何より重要だったのは、秦漢以前のような世界の分裂状態だったのである。

二千年の時を超えて生きる思索

漢帝国の成立後、天下の体制は日増しに整備され、安定度を増していく。当然、眼前に存在する漢の王朝体制こそが、唯一在るべき理想の世界像とされるから、思想家がその体制を無視して、自由気ままに世界の在るべき図柄を構想したり、主張したりすることは、もはやできない。もしそのような真似をすれば、国家への反逆行為と受け取られかねないからである。かくして思想家の創造的な発想力は急速に萎《しぼ》んでいき、皇帝を頂点にがっちりと組み立てられた既成の階層秩序の枠組みの中に、一個の歯車として組み込まれることになる。後は、このピラミッド型の階層秩序の中で、どこまで上昇できるかだけが関心事となる。

もしこの体制の中で上昇できずに、底辺の方に沈殿したり、あるいは体制の外に放り出されたりすれば、もはや活躍の機会は永遠に巡ってこない。かつての春秋・戦国時代のように、ある君主に断られても、捨てる神あれば拾う神ありとばかり、別の君主を探せばいいという風には、決していかなくなったのである。かくして漢の王朝体制が堅固さを増すにつれて、時代の価値観のみが唯一の価値基準となって人々を縛りつけ、思想界は閉塞状況へと追い込まれていく。

翻《ひるがえ》って現代の日本を考えてみると、未曾有《みぞう》の敗戦による混乱状態から復興し、国家の再建を合い言葉に経済大国への道を突き進んできた。その過程で、社会は日増しに安定度を増し、我々が身を置く戦後日本の枠組みが構築されてきた。それはそれで結構なのだが、恐らく若者にとっては、ある種息苦しい体制でもあろう。それは、安定や繁栄と引き換えに、青年が自由な発想でものを考え、夢を追いかけることが、極めて難しい社会でもあるだろうから。筆者には、目に見えない閉塞感が現代の若者の意識を深く覆《おお》い、その魂から清新な潑剌《はつらつ》さを奪ってきたように思える。昨今の超常現象ブームや宗教ブームの陰にも、ひょっとしたらこの糞面白くない世界の裏側に、全く別の心ときめくストーリーが隠されているのではないかという、絶望の裏返しの期待が作用していたのではないだろうか。

だが戦後日本の経済的繁栄にも大きな陰りが見え始め、この社会を規定してきた様々な枠組みが、今や音を立てて壊れていこうとしている。時代の価値観から解き放たれ、若者が夢を信じて生きられる時代が、すぐそこまで来ているのかも知れない。もしかしたら、世界は自分が夢見た通りになるかも知れない。諸子百家はそう信じて、思索に情熱を傾け、天下を縦横無尽に駆け抜けた。彼らが描いた軌跡は、我々に自由な発想で未来を構想する可能性を、二千数百年の時を超えて語りかけているのではないだろうか。

本書では、諸子の中から十一人の思想家を選び、道家・儒家・墨家・名家・陰陽家・兵家・法家の順に配列した。したがって必ずしも時代順に並んではいないが、学派別にまとめた方が分かりやすいと考えたからである。代表的な思想家はなるべく取り上げるようにする一方、当時の思想界の全般的状況が理解できるように、あまり一般に知られていない思想家も積極的に紹介する方針を採った。荀子や列子・呉子なども取り上げるべきであったろうが、紙数の都合で割愛せざるを得なかった。このように諸子のすべてを網羅しているわけではないが、本書によって諸子百家の時代の雰囲気に少しでも触れて頂ければ幸いである。

第一章　無為の哲人・老子

一　『老子』の謎

老子は実在したのか

『老子』は道家の書の代表として、後世に大きな影響を与え続けてきた。『老子』の作者は、おおむね老聃《ろうたん》とされてきた。だがこの老聃の伝記そのものが、すこぶる曖昧模糊《あいまいもこ》としていて捉えどころがなく、実在の人物かどうかさえ疑わしい状況であった。そのため、『老子』の作者は誰であるのか、『老子』の成立時期はいつ頃なのかとの問題は、古来多くの人々の頭を悩ませ続けた謎であった。

ところが近年、この謎を解く手掛かりになりそうな発見が、考古学の分野で相次いでいる。最初の発見は、一九七三年に湖南省長沙市馬王堆《まおうたい》の前漢墓から出土した、二種類の帛《はく》に書かれた『老子』である。二つ目の発見は、一九九三年に湖北省荊門《けいもん》市郭店《かくてん》の戦国中期の楚《そ》墓《ぼ》から出土した、三種類の竹簡に書かれた『老子』である。

老子像（唐・呉道子筆）

そこで以下、こうした新出土資料の存在をも視野に含めながら、老子の謎について考えてみよう。

『老子』の成立時期

『老子』の成立時期については、多くの異説が並び立っている。『史記』老荘申韓列伝によれば、老子（李耳《りじ》や老聃とも称される）は周王室の図書を管理する史官で、孔子は魯《ろ》から周の都の洛陽に留学し、老子から礼学を学んだとされる。この伝承をそのまま信ずれば、老子の活動時期は孔子とほぼ同時期、すなわち春秋時代の末となる。司馬遷はまた、老子は周の衰退を見て西方に姿を消したが、関所の役人・尹喜《いんき》に懇願され、「道徳経《どうとくきょう》」上下二篇、つまり『老子』五千余言を書き残したとも記すから、『老子』の成立時期も、やはり春秋末となる。これが『老子』の成立時期を最も古く設定する立場である。ただしこれは、『史記』の記述を無批判に信じた場合の説であって、学問的には信憑性《しんぴょう》に乏しいものとして否定されてきた。

対照的に『老子』の成立時期を最も新しく設定するのは、『老子』が現在の形に定着したのは前漢の武帝期だとする立場である。他の書物に『老子』とほぼ同文が引用され、なおかつそれが『老子』からの引用だと明示されるようになるのは、武帝期に編纂された『淮南子《えなんじ》』が最初だというのが、その最大の論拠である。この立場では、『老子』は一人の作者の著作ではなく、古くからの諺《ことわざ》や箴言《しんげん》の類が集められて、徐々に『老子』が形成され、前漢武帝期に至って現在の形に定着した後、架空の人物である老子に仮託して『老子』なる書名を冠せられたことになる。

以上紹介した対照的な立場が、『老子』の成立時期に関する上限と下限を示している。この両説が指示する幅の中で、これまで諸説紛々たる状況を生じてきたのだが、前述した考古学的発見により、従来よりは確度の高い推理が可能となってきているので、以下に筆者の推測を述べてみよう。

まず文帝期（前一六八年）に造営された馬王堆前漢墓から、二種類の帛書『老子』が出土した事例からは、次のようなことが判明する。この二つの写本は、上篇と下篇の順序が逆になっている他は、現行本とほとんど同内容である。中国の研究者はこれに甲本・乙本と命名した。甲本の方が乙本より文字の字体が古く、秦の小篆《しょうてん》の面影を残す隷書《れいしょ》体で筆写されており、乙本の方は漢の隷書の字体で書写されていた。

また乙本では、漢の初代皇帝である劉邦《りゅうほう》の諱《いみな》を避けて、「邦」字をすべて「国」字に改めているが、甲本の方は「邦」字をそのまま使用している。「邦」字が諱となるのは、劉邦が死去して高祖なる諡号《しごう》が追贈された後であるから、甲本が書写されたのは、劉邦の没年（前

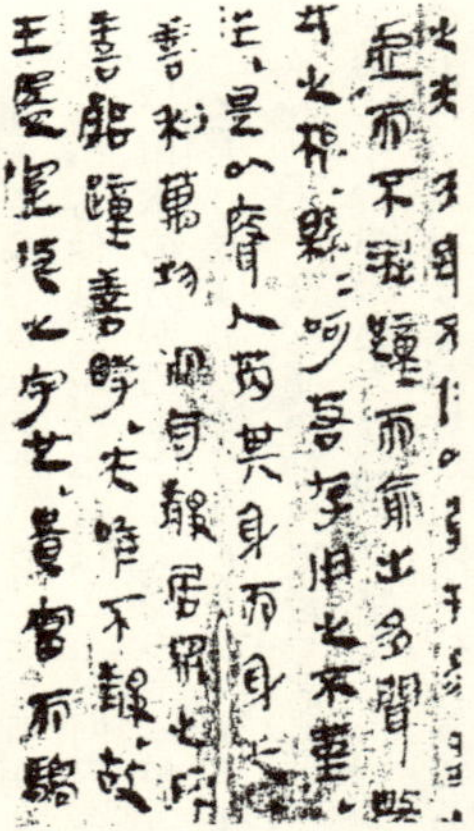
馬王堆前漢墓帛書『老子』甲本

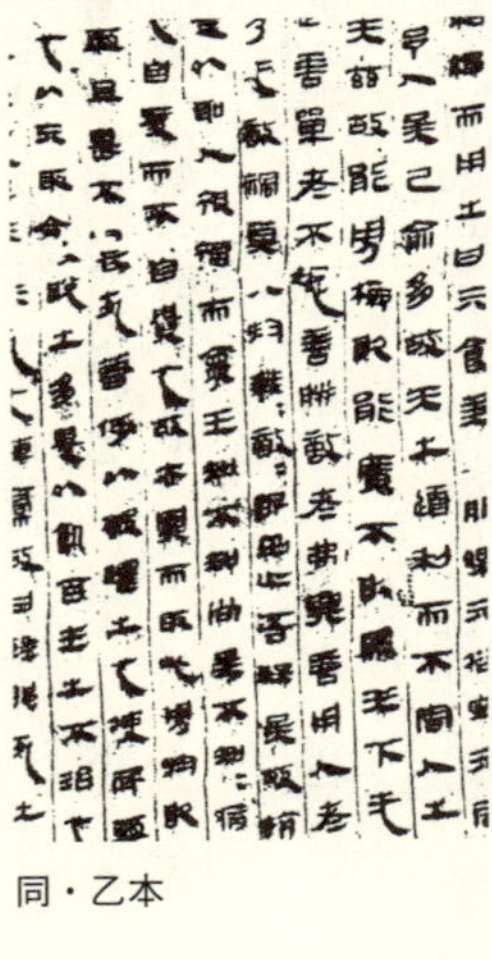
同・乙本

一九五年）以前となる。

しかも甲本が『老子』の原著ではなく、写本である以上、『老子』自体の成立は、漢帝国成立時（前二〇二年）をさらに遡ることになる。この発見によって、『老子』の成立時期を前漢武帝期とする立場は、完全に破綻したわけである。

次に、荊門市郭店の楚墓から三種類の竹簡『老子』が発見された事例からは、以下のような推測が可能となる。この楚墓は、副葬品の特徴などから、戦国時代（前四〇三〜前二二一年）の中期の後半、前三〇〇年頃の造営と推定されている。被葬者の推定年齢はいまだに公表されていないが、副葬品の中に君主が高齢者に下賜する鳩杖《きゅうじょう》が含まれていたことから、七十歳を超す高齢だったと考えられる。

とすれば、甲本・乙本・丙本と命名された三種類の『老子』は、この男性が生前所持していた書籍であるから、それが筆写された時期は、前三〇〇年をさらに数年ないし数十年遡ることになる。もしこの男性が七十歳で死亡し、二十歳頃に『老子』を入手していたとすれば、竹簡『老子』は前三五〇年頃にはすでに書写されていたことになる。もし八十歳で死亡し、二十歳頃に入手していたのだとすれば、六十年ほど遡って、前三六〇年頃には書写されていたことになる。

このように、被葬者の死亡年齢と『老子』の入手時期の変動に対応して、書写された時期も上下する。それにしても、一般に原著が成立したのち、転写を重ねながら広く流布するに至るまでには、相当の期間を見込まなければならない。したがって『老子』は、前三〇〇年をかなり遡る時期、つまり戦国前期（前四〇三～前三四三年）には、すでに成立していた可能性が高い。

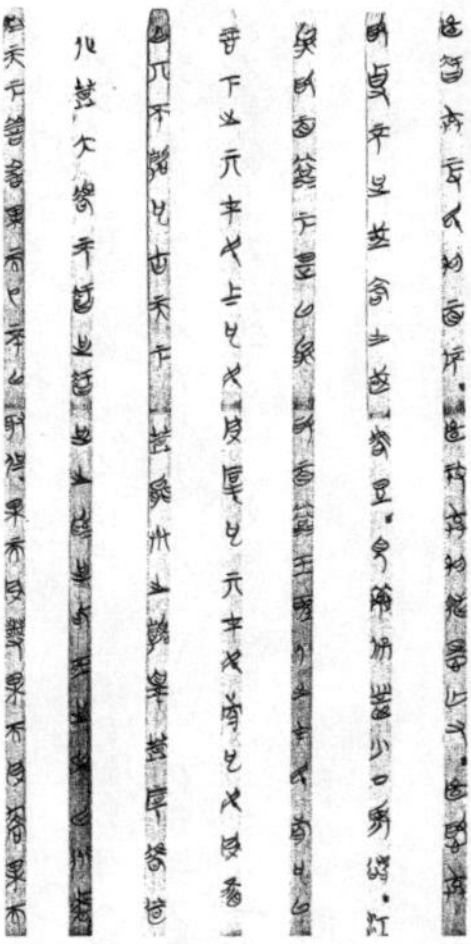
郭店楚簡『老子』甲本

ただし郭店楚簡の『老子』には、さらに検討しなければならない問題が残されている。馬王堆の帛書『老子』は、現行本と大差ない完全なテキストであった。ところが竹簡『老子』の方は、そのいずれもが、現行本八十一章に比べて分量がはるかに少なく、三本を合計しても、現行本の三分の一を若干上回る三十一章分しかない。

　こうした現象を、我々はどのように解釈すべきなのであろうか。一つの立場は、当時すでに現行本と大差のない完全な『老子』のテキストが存在していて、甲・乙・丙の三本は、それを抄録した抄本だとする解釈である。もう一つの立場は、当時はまだ現行本のような『老子』のテキストは成立しておらず、三種の竹簡本は、『老子』が今の形に形成されていく途中の姿を示すものだとする解釈である。

　筆者は、前者の見方、すなわち竹簡『老子』を抄本と見る解釈が妥当だと考える。もし三種の『老子』が抄本ではなく、形成途中の過渡的な姿を示すテキストだと仮定すれば、三本にはコア（核）になる共通部分が存在していなければならない。最初に書かれたコア部分を中心に、二次・三次としだいに増益部分が付け加えられていき、最終的に今の形に定着したというのであれば、古い時期の写本にはコア部分以外の増益部分が少なく、新しい時期の写本には増益部分が多いとの現象が見られるはずである。しかるに三本の間には、そうした現象が全く見られない。

　三本に見られる共通部分は、甲本と丙本に現行本『老子』第六十四章の後半部分が含まれるという、わずか一例にとどまる。つまり三本の間には、『老子』の原初部分と見なせるような共通部分が、全く存在していないのである。

　それでは、ブロック工法のように、『老子』は幾つかの部分ごとに別々に作られ、後にそれらを合体させて完成したと想定することは、可能であろうか。もし同一人物が各ブロックの作者なのだとすれば、そうした工法を採用すべき必然性がどこにもない。もし複数の人物ないしグループがそれぞれのブロックの作者なのだとすれば、そこに統一的意図は存在しないから、思想内容は整合性を欠いてバラバラになるはずである。しかもこの場合は、最終的にそれらを合体させる主体すら存在しないことになる。したがって、この可能性は全くないであろう。

このように推理してくると、郭店の竹簡『老子』を、形成途中の姿を示す三種のテキストと見る解釈は、ほとんど成り立たないとしなければならない。

そこで郭店『老子』は、三種類の抄本だと考えなければならない。筆写した人物は、すでに存在していた完本『老子』から、それぞれ何らかの意図によって、ある部分のみを抄録したのである。しかも甲本と丙本の共通部分にすら、すでにかなりの文字の異同が見られるから、同一のテキストから三種類の抄本が作られたとも考えがたく、少なくも甲本と丙本は、別系統のテキストから抄写されたと考えられる。

このことは、前三〇〇年をかなり遡る時期に、すでに何通りかの『老子』のテキストが広く通行していた状況を物語っている。前にも述べたように、原著が成立してから、転写が重ねられて広く伝播するまでには、相当の期間を要する。したがって、前三〇〇年頃の墓から三種類の抄本が出土した状況は、遅くもその五、六十年前には、すでに『老子』が成立していたことを示唆する。ただしこれは、成立時期の下限を最も新しく見積もった場合の想定であり、戦国初頭、さらには春秋末に成立していた可能性すら、完全に否定はできない。

老聃なる人物

このように『老子』の成立時期に関しては、従来の通説よりも大幅に引き上げられる可能性が高まってきた。だが『老子』の作者については、依然として有力な手掛かりがない。馬王堆の『老子』にも、郭店の『老子』にも、『老子』なる書名は一切記されていない。そこで戦国期や漢初には、まだこれが老子の著作だとは考えられておらず、前漢武帝期頃に初めて『老子』と呼ばれるようになったとする説も有力である。

だが戦国期に書かれた『荘子』の外雑篇《がいざつ》には、老聃《ろうたん》なる人物がしばしば登場し、『老子』と同一か、もしくは酷似した文章が、彼の言葉として引かれている。また戦国末に活動した荀子《じゅんし》は、「老子は詘《くつ》に見る有りて信（伸）に見る無し」（『荀子』天論篇）と、老子の思想を批判している。「曲なれば則《すなわ》ち全《まった》し」（『老子』第二十二章）と、屈折した対処法を取った方が自分を保全できると説く点や、「将《まさ》に之《これ》を奪わんと欲すれば、必ず固《しばら》く之を与えよ」（『老子』第三十六章）と、いったん与えて相手を満足させておいて、油断させてからそれを奪えと教える点を踏まえた批評で、老子が説く屈曲したやり方には見るべき点もあるが、正々堂々と直進する積極的な姿勢に欠けるというのである。

戦国末に編纂された『呂氏春秋《りょししゅんじゅう》』にも、「老耽《ろうたん》は柔を貴《とうと》ぶ」（不二《ふじ》篇）と、老子の思想的特色が紹介されている。これは、「堅強なる者は死の徒なり。柔弱微細なる者は生の徒なり。兵強ければ則ち勝たず」（『老子』第七十六章）とか、「柔を守るを強と曰《い》う」（『老子』第五十二章）と、柔弱こそが勝利の道だとする主張を踏まえたものである。

とすれば遅くも戦国期の後半には、現行本と似たり寄ったりのテキストが存在し、それが老子の思想を記した書物と理解されていたと考えざるを得ない。竹簡や帛書に書名の表記があるかどうかは、当時そうした書名がつけられていたかどうかを判別する上で、実は決定的な証拠とはならない。なぜなら、たとえ書名が存在していたとしても、当時の人々が筆写に際し、必ずそれを記すとは限らないからである。

馬王堆から出土した帛書の中に、『五行篇《ごこう》』なる文献が含まれていた。もともと書名はなかったのだが、整理に当たった中国の研究者が内容の特色を考慮して、便宜的に『五行篇』と命名したのである。

ところがこれと同じものが、郭店からも出土し、こちらの方には、冒頭に「五行」と書名が明記されていた。これにより、便宜的名称が結果的に正鵠《せいこく》を得ていたことが証明されたわけである。

この場合、漢初の墓から出土したテキストには書名がなく、戦国中期の墓から出土したテキストには書名が記されていたわけである。この例から判断すると、書名が記されない現象は、当時まだ書名がつけられていなかったことを、直ちに意味するものではないことが分かる。当時の写本は、個人的必要から書き写して、個人が所有し使用するといった私的性格が強く、世間一般に公刊される現在の書物とは、まるで性格が異なる。

したがって、所有者個人が口伝《くでん》により、それが何という書物なのかを知ってさえいれば、それで十分なのであって、どうしても書名を記すべき必要性はない。竹簡や帛書に書名が記されたり、記されなかったりするのは、主にこうした事情による。そこで表記の有無は、書名の有無を判断する決定的証拠にはならないのである。

このように考えてくると、作者は老聃であり、書名は『道徳経』ないし『老子』であるとする口頭伝承は、『荘子』外雑篇や『荀子』『呂氏春秋』よりも前、すなわち戦国中期には、すでに流布していた可能性が高い。だが、だからと言って『老子』の作者が老聃だという証明にはもとよりならず、これ以上詮索する手がかりがないため、作者は依然として不明のままだというほかはない。

二 「道」の思想

道こそ宇宙の始原

それでは続いて、『老子』の思想を紹介してみよう。テキストは、馬王堆出土の甲本と乙講談社学術文庫のシンボルマークはトキを図案化したものです。トキはその長いくちばしで勤勉に水中の虫魚を漁るので、その連想から古代エジプトでは、勤勉努力の成果である知識・学問・文字・言葉・知恵・記録などの象徴とされていました。

本、及び現行本を対校したものを用いる。『老子』の思想の最大の特色は、道《みち》を宇宙の本体にして根源であるとした点である。通常、思想家が説く道は、人間が歩むべき正しい進路を意味する。ところが『老子』の場合は、道は天地・万物を生み出す創造主なのである。次にそうした道の性格を描写する章を掲げてみる（以下、テキストの引用は訳文・読み下し文の順とする）。

じっと見つめても、さっぱり見えない。そこでこれを「微《かす》か」と呼ぶ。耳を澄ませても、少しも聞こえない。そこでこれを「音無し」と呼ぶ。手探りしても、なにも摑《つか》めない。そこでこれを「空っぽ」とよぶ。微《び》・希《き》・夷《い》の三者は、その境界を突き止められない。そこで詮索せずに、混然として一体だと見なす。この一《いち》なる存在は、表が明瞭なわけでもなく、裏が薄暗いわけでもなく、果てしもなく繫《つな》がっていて名前のつけようがない。物体であるかのようで、結局は物体ではない。これを姿のない姿、物ではない形と呼び、薄ぼんやりと呼ぶ。後ろについても後ろ姿が見えず、正面に回っても頭が見えない。今の世にふさわしいやり方を保持して、現代の有象《ゆうしょう》の世界を制御しながら、物体も形象も存在しなかった太古の始原に思いを馳《は》せるのを、道が万物を支配する掟と言う。

之《これ》を視《み》れども見えず、之に名づけて微《び》と曰《い》う。之を聴《き》けども聞こえず、之に名づけて希《き》と曰う。之を揗《さぐ》れども得ず、之に名づけて夷《い》と曰う。三者は詰《きつ》を致《いた》すべからず。故《ゆえ》に混じて一と為《な》す。一なる者は、其《そ》の上は皦《あき》らかならず、其の下は昧《くら》からず、縄縄《じょうじょう》として名づくべからず。無物《むぶつ》に復帰す。是《これ》を無状の状、無物の象《しょう》と謂《い》い、是を忽恍《こっこう》と謂う。随《したが》うも其の後《うしろ》を見ず、迎《むか》うるも其の首《こうべ》を見ず。今の道を執《と》りて、以《もっ》て今の有《ゆう》を御《ぎょ》し、以て古始《こし》を知るは、是を道紀《どうき》と謂う。（第十四章）

この章では、道がいかに得体の知れない、不可解な存在であるかが、執拗に描写される。まるでガス状星雲のようにつかみ所のない道は、「物有り混成《こんせい》す。天地に先だちて生ず」（第二十五章）と、天地が生ずる以前から存在していたとされる。さらに道は、「帝の先に象《かたち》す」（第四章）と、中国世界の人々が宇宙の絶対神、万物の創造主と崇《あが》める上帝（上天）にさえ先行して存在したとされる。とすれば、まさしく道こそが、真に宇宙の始原であり、本体だということになる。

当然のごとく道は、「万物の宗《そう》に似たり」（第四章）、「天地の母」（第二十五章）とか、「道は一を生じ、一は二を生じ、二は三を生じ、三は万物を生ず」（第四十二章）と、一切の万物を生成した造物主とされる。

このように道は、宇宙の始原、万物の生成者であるとともに、その後も自分が生み出した森羅万象の有象世界を制御し、支配し続ける主宰者でもある。形象を備えた万物は、自己の意志を押し通し、欲望を遂げようと、互いに競い合う。道はこうした今の世に適合したやり方で万物の相手をしながらも、万物など存在しなかった始原を忘れはしない。お前たちがどんなに激しく自己主張をくり返し、いかに競い合おうとも、やがて一切は無に帰し、始原の状態に戻っていくのだぞと、冷めた眼で万物の面倒を見続ける。

さまざまな宗教で造物主とされる神は、お前たちはいったい誰のお陰でこの世にいられると思っているのかとばかりに、祈りや供物をささげ、ひたすら自分だけを信じるよう、恩返しを要求する。もし相手が自分の命令に背《そむ》いたりすれば、逆上した神は、その罪を咎《とが》めて罰を下す。

だが『老子』の道は、そうした神々とはおよそ性格を異《こと》にする。俺様がお前たちを生んでやり、育ててやっているのだ、感謝しろなどと恩を着せたりしない代わりに、万物に愛情をかけて救おうとしたりもせず、冷ややかに彼らの消滅を見守る。道が万物を制御する道理とは、こうしたものだと『老子』は説く。

君主は「無為の治」を道とすべし

『老子』の思想はその全体が、道の在り方を体して国家を統治するよう君主に求める、政治思想となっている。道の在り方に則《のっと》る統治とは、すなわち「無為の治」である。次にその一例として、第六十六章を紹介してみよう。

大河や大海が、無数の谷川の水を収容して、水量の多さで王者であるのは、自らへりくだって、あらゆる河川よりも低いところにいるからである。だからこそ無数の河川の王となれるのである。だから聖人が民衆の上に君臨しようとする場合も、必ず謙遜した言葉遣いによって民衆にへりくだり、民衆の先頭に立とうとする場合も、必ずわが身の安楽を民衆よりも後回しにする。こうするから、上位にいても民衆は重圧だと感じず、先頭にいても民衆は邪魔だとは思わない。天下の人々が彼を推戴《すいたい》するのを楽しみ、彼を指導者と仰ぐのを嫌がらないのだ。これも聖人が他者と優位を争わないからではないのか。だからこそ天下にだれ一人として、彼と優位を争う者が現われないのである。

江海《こうかい》の能《よ》く百谷《ひやつこく》の王為《た》る所以《ゆえん》は、其の善《よ》く之に下《くだ》るを以てなり。是を以て能く百谷の王と為《な》る。是を以て聖人の民に上《かみ》たらんと欲するや、必ず其の言を以て之に下り、其の民に先んぜんと欲するや、必ず其の身を以て之に後《おく》る。故に上に居《お》るも民は重しとせず、前に居るも民は害とせず。天下推《お》すを楽しみて厭《いと》わず。其の争う無きを以てに非《あら》ずや。故に天下能く与《とも》に争う莫《な》し。

とかく君主は、次々に事業を起こし、盛大な儀式、壮麗な建築物、戦争での勝利といった輝かしい功業を見せつけて、自分の権威を誇示したがる。だが『老子』は、そうした尊大な態度は、民衆の憎しみを買い、離反を招いて、結局は君主の地位を失う愚行だと戒める。「貴富《きふ》にして驕《おご》らば、自《みずか》ら咎《とが》を遺《のこ》す」（第九章）とか、「自ら矜《ほこ》る者は長《ひさ》しからず」（第二十四章）と、君主の地位をひけらかし、権力を笠に着れば、民衆の支持を失ってその地位から引きずり下ろされる。だからこそ君主は、「人の悪《にく》む所は、唯《た》だ孤・寡《か》・不穀《ふこく》なるに、而《しか》も王公は以て自ら名づく」（第四十二章）と、孤（孤児）・寡（やもめ）・不穀（不作）などの謙遜した自称を用い、臣下や民衆に常にへりくだる姿勢を示さなければならない。

名誉や栄光に包まれて君臨したいなどと望むようでは、そもそも君主失格である。いったい民衆は、なぜに君主の存在を容認し、彼を君位に就《つ》けておくのか。それは、「故に聖人の言に云いて曰く、邦《くに》の垢《あか》を受くるは、是を社稷《しやしよく》の主と謂い、邦の不祥を受くるは、是を天下の王と謂う」（第七十八章）と説かれるように、君主が国家の恥辱や汚濁を一身に引っかぶり、不浄を清める汚れ役を務めるからである。災害や敗北に際し、すべては自分の不徳のせいであり、一切の責任は自分にあると、民衆の平安のために汚れを引き受け、雑巾役に徹すればこそ、民衆は有徳の君主だと称え、彼の統治を支持するのである。

したがって君主は、権力をふりかざし、支配欲・名誉欲などをむき出しにして統治してはならない。自分の欲望を満たすための事業には一切手を出さず、「我は無為にして民は自ら化し、我は静を好みて民は自ら正しく、我は無事にして民は自ら富む」（第五十七章）無為の治を実践しなければならないのである。

実に居りて華に居らず

次に『老子』が説く処世術に触れてみよう。処世術といっても『老子』の場合は、一般人の処世ではなくして、君主の処世に重点がおかれている。

名声と身体とでは、どちらが自分の身内であろうか。身体と貨財とでは、どちらが自分にとって貴重であろうか。獲得して抱え込むのと辞退して所有しないのとでは、どちらが悩ましいであろうか。愛着のあまり少しも手放すまいとすると、必ず一挙に放出する破目《はめ》になり、欲張って多く蓄え過ぎると、必ずごっそり失う破目になる。だから、これで十分だと満足することを知っていれば、大恥をかかずに済み、この辺りが限度だと踏み止どまることを知っていれば、危険な目に遭《あ》わずに済む。このようにしてこそ、自分の生命・身体を長く維持できるのだ。

名と身と孰《いず》れか親しき。身と貨と孰れか多《た》とす。得と亡と孰れか病《なや》める。甚《はなは》だ愛《お》しめば必ず大いに費《つい》え、多く蔵すれば必ず厚く亡《うしな》う。故に足るを知れば辱《はずかし》められず、止《とど》まるを知れば殆《あや》うからず。以て長久なるべし。（第四十四章）

これも基本的には君主への戒めなのだが、一般的な処世術にも十分転用できる。名誉欲に取りつかれ、何とか自分をよく見せかけたいと学歴や経歴を偽りながら、偉そうに説教して回ったりすれば、最後には悪運も尽き、これまでの嘘が一遍にバレて赤っ恥をかく始末になる。

バブルに浮かれてにわかに気が大きくなり、やたらに海外に進出して、世界に羽ばたく企業戦略などとはしゃぎ回れば、やがて増やし過ぎた支店はもとより、本社すら閉鎖の憂き目を見る。

相手を愛するあまり、片時も自分から目をそらさぬよう、執拗に愛情をせがみ続ければ、いずれは相手も嫌気が差し、興ざめ顔で逃げ出しにかかる。

いい加減に引っ込めばいいのにと陰口を叩かれながらも、御本人だけは得意満面。一日でも長く地位にとどまろうと悪あがきを続ければ、ある日突然、寄ってたかって地位から引きずり下ろされる醜態を演じ、大恥をかくことになる。

やれ名声だ人気だ、金儲けだ勢力拡大だ、地位だ権力だと、欲望に執着しても、それと引き換えに身体と精神を病んでしまえば、結局は元も子もなく、恥辱と自滅だけが残る。『老子』は、「其の実《じつ》に居りて其の華《か》に居らず」（第三十八章）と、世俗の栄華に惑わされぬよう戒める。そして「善く建《た》つる者は抜けず」（第五十四章）と、まず自分の足下から固めよと教える。「功成り名遂《と》げて身退《しりぞ》くは、天の道なり」（第九章）と、成功者こそ限度をわきまえよとの教えは、繁栄を極める人類への警鐘ともなろう。

三　『太一生水』と「道」

至高にして絶対なる「太一」

郭店の楚墓からは三種の『老子』抄本が出土しているが、『太一生水《たいいっせいすい》』と命名された、これまで知られなかった道家の文献も同時に発見されている。『太一生水』の内容は、『老子』との密接な関係を示唆している。そこで両者の関係について考えてみよう。

『太一生水』の前半では、「太一水を生ず。水反《かえ》りて太一を輔《たす》け、是を以て天を成す。天反りて太一を輔け、是を以て地を成す」といった具合に、太一から水が生じ、太一と水から天が生じ、太一と天から地が生じ、天と地から神と明が生じ、神と明から陰と陽が生じ、陰と陽から四時《しいじ》（春夏秋冬）が生じ、四時から滄《そう》（寒）と熱が生じ、滄と熱から湿と燥が生じ、「湿燥復《ま》た相輔《あいたす》け、歳《さい》を成し止《や》む」と、湿と燥により歳（一年）が完成するとのプロセスが示される。このプロセスは、宇宙の発生から完成まで、どのように世界が分節化されていったのか、その段階を追うもので、一種の宇宙生成論となっている。

次に『太一生水』は、「故に歳とは、湿燥の生ずる所なり」と、前記のプロセスを逆に遡りはじめる。ただし「天地とは、太一の生ずる所なり」と、太一から天地が生ずるプロセスは簡略化されており、水の関与には言及されなくなる。ところがこれに続けて、「是の故に太一は水に蔵《ひそ》む」と、水は太一が潜む場であるとして、両者の関係が示される。こうした説明が、太一から水が生じ、太一と水が天を生じたとのプロセスと矛盾しないと考えられていたとすれば、太一は水を生じ、今度は自ら生じた水に宿って天を生成したことになる。

　これに続く箇所では、太一は「万物の母」とか「万物の経」と形容される。しかも「此《こ》れ天の殺《ほろぼ》すこと能《あた》わざる所、地の釐《あらた》むること能わざる所、陰陽の成すこと能わざる所なり」と、太一の変幻自在の働きには、天地や陰陽も干渉できないとして、太一の至高性・絶対性が顕彰される。

郭店楚簡『太一生水』

　後半部分に入ると、「天道は弱きを貴《とうと》び、成を省《はぶ》く者は以て生を益《ま》す」などと、『老子』と類似した表現が登場した後、天地と道の関係に主題が移行する。まず「下土《かど》なるものは、而《すなわ》ち之を地と謂う。上気《じょうき》なるものは、而ち之を天と謂う」との形で、天と地の内実が示される。上に昇った気が天であり、下に積もった土が地であるとの説明は、それなりに頷けるが、天地・宇宙を木《もく》・火《か》・土《ど》・金《ごん》・水《すい》の五種類の気の変化で説明する、鄒衍《すうえん》（第九章参照）のような形にはなっていない。

注目すべきはこの直後に、「道は亦《ま》た其の字《あざな》なり。請《こ》う、其の名を問わん。道を以て事に従う者は、必ず其の名に宅《よ》す。故に事成りて身長ず。聖人の事に従うや、亦た其の名に宅す。故に功成りて身傷つかず。天地の名と字と竝《なら》ぶ」との主張が展開される点である。これによると、天地の側はその名（本名）であり、道の側はその字（呼び名）だという。そうであれば、道と天地は実は全く同じもので、あるときは道と呼ばれたり、あるときは天地と呼ばれたりすることになる。

『老子』第二十五章には、「物有り混成す。天地に先だちて生ず。寂《せき》たり寥《りょう》たり、独立して改まらず、周《あまね》く行《めぐ》りて殆《あや》うからず。以て天地の母と為すべし。吾《われ》未だ其の名を知らず。之に字して道と曰う。吾《われし》強いて之が名を為して大と曰う」とある。天地の字を道とする発想は、恐らくこれを踏まえたものであろう。ただし『老子』では道が天地に優越・先行しているのに対して、「太一生水」では道と天地が同一とされていることは、大きな違いである。

そして「道を以て事に従う者」や「聖人」も、外部に表明する際には、「其の名に宅」して、自分は天地の在り方を規範にして事業を行ったのだと、天地の側のみを称するとされる。つまり道に則って事業に成功したり、保身に成功した者も、すべて天地に則って成功したとのみ称するわけである。

「道」を格下げする試み

それでは『太一生水』の作者は、なぜわざわざ道の実体を天地と規定したのであろうか。前述したように『老子』においては、道は天地に先だちて生じた天地の母とされており、両者の格差は歴然としている。にもかかわらず道と天地を同一視するとなれば、それは道の格下げとなる。とすれば作者の意図は、『老子』の道が持つ至高性・絶対性を否定し、道を太一の下位に従属させるところにあったと考えられる。

作者は『太一生水』の最後で、「故に其の方を過ぐれば、相当たらんと思わず。［天は］西北に於て［足らず］、其の下は高くして以て強し。地は東南に於て足らず、其の上は［低くして以て強し］。［上に足らざれば］下に余り有り。下に足らざれば上に余り有り」と述べる。これは中国大陸が、西北の山脈に向かって高くなり、東南の海に向かって低くなる地理的特色を踏まえた思考で、西北では地に余りがあって天が不足し、東南では天に余りがあって地が不足することを指摘するものである。

したがって、天も地もそれぞれが得意とする方面をはずれてしまえば、相手と拮抗《きっこう》することができない以上、万能の絶対者ではないことになる。そしてこうした限界を持つ天地が道の実体であるならば、道も当然万能ではなく、至高・絶対の存在ではあり得ない。

『太一生水』の前半部分が語るように、「天地とは、太一の生ずる所」であり、太一が「天の殺《ほろぼ》すこと能わざる所、地の釐《あらた》むること能わざる所」なのであれば、太一は天地、すなわち道よりも明らかに上位にあるとしなければならない。このように『太一生水』の作者は、道の実体を天地と規定する操作を加える手段によって、『老子』の中で最高位を占める道を二番目の地位に降格し、代わって太一を最高位に据えようとしたのである。

『太一生水』の前半部分で説かれる宇宙生成論のプロセスには、道は全く姿を見せず、太一を絶対者とする体系で統一されている。この点から考えると、本来それは、道を絶対者とする『老子』の宇宙生成論とは全く別系統の思考であったろう。作者はこの二つの系統を、太一を道に優越させる形で調停しようとしたのだと考えられる。戦国期に形成され、漢の時代に大流行した黄老《こうろう》思想では、『老子』の道が陰陽・四時・日月・星辰などを下位に従えて、自然法的秩序の頂点に立っており、こうした構図がその後の主流となった。こうした思想史の流れを踏まえると、戦国期に『老子』の道の限界性を主張する思想的試みが存在していたことを示す点で、『太一生水』の内容は非常に興味深い。

『荘子』天下篇や『呂氏春秋』大楽篇では、道の別称が太一であるとされている。しかし『老子』の中に、そのような思考は存在しない。ではなぜ、そうした誤解が生じたのであろうか。『太一生水』の竹簡は、丙本『老子』と全く型式が同じで、両者が一篇にまとめられていた可能性も指摘されている。もし戦国期に、『老子』と『太一生水』を抱き合わせにしたテキストが作られ、ある程度通行していたとすれば、そこから道と太一を同一視する理解が生じてくる可能性も、十分想定できるであろう。道と太一を同一視する思考が大勢を占めてしまえば、『太一生水』の作者の意図に反して、太一は道に吸収されてしまい、太一を道の上位に据える思考は消滅していかざるを得ない。『太一生水』の思想が、その後の思想史の展開の中で主流の地位を占められずに、『老子』の道が最終的勝利を収めた背景には、こうした事情も影響していたであろう。

第二章　混沌の魔術師・荘子

一　生涯とテキスト

荘周の生国

荘子《そうじ》（荘周《そうしゅう》）は、儒家の孟子とほぼ同じ頃、すなわち前四世紀後半に活動した思想家である。もとより諸子の通例として、詳しい生没年は不明なのであるが、彼の友人であり論敵でもあった恵施《けいし》は、魏の恵王（在位＝前三七〇～前三一八年）と襄王《じょう》（在位＝前三一八～前二九六年）の宰相として仕えたことがあるので、荘周の活動時期もほぼこれと重なり合うと推定できる。

戦国末の荀子《じゅんし》（前二九八？～前二三五年？）は、「荘子は天に蔽《おお》われて人を知らず」（『荀子』解蔽篇《かいへい》）と、天命に順《したが》うことばかり強調して人為の可能性には消極的だと、荘周の思想を批判する。こうした現象は、荀子の時代には、荘周の思想がすでにある程度世間に知られていたことを物語る。やはりこの点からも、荘周の活動時期は前四世紀後半と考えてよいであろう。

それでは、荘周の出身地はどこであったろうか。次にそれを示す資料を紹介してみよう。

宋の国の人間に曹商《そうしょう》という者がいた。あるとき宋王の使者となって西方の秦に出かけた。旅立つときには、宋王から数台の車をあてがわれただけだった。ところが面会した秦王は彼をいたく気に入り、帰りには百台もの車を与えた。

宋に帰還した曹商は、荘子を見かけると、次のように自慢した。君みたいに、ドン底のスラム街にくすぶり、生活苦からわらじ作りの内職に追われ、うなじはやせこけ、栄養失調で顔まで黄ばむなんて貧乏暮らしは、僕には向いてないんだな。あっという間に大国の君主を感服させ、百台もの車を従えて帰国するといった華々しい活躍こそ、僕の得意な生き方なんだよ。

荘子像（『三才図会』）

すると荘子は次のように答えた。秦王はたいそうな病気持ちで、あちこちから医者を募集したんだが、腫《は》れ物を破って膿《うみ》を吸い出したり、しこりをつぶした者は、車一台をほうびにもらい、痔をなめた者は、車五台をもらったそうだ。こんな調子で、治療の場所が下《げ》卑《び》れば下卑るほど、ほうびの車もますます多かったという話だ。してみればあんたも、だいぶ痔をなめまくったとみえるね。やけにいっぱい車をもらったじゃないか。とっとと消えてくれんかね。

宋人に曹商なる者有り。宋王の為《ため》に秦に使いす。其の往《ゆ》くや、車数乗を得たり。王は之を悦《よろこ》び、車百乗を益《ま》す。宋に反《かえ》り、荘子に見《あ》いて曰く、夫《そ》れ窮閭《きゅうりょ》・阨巷《やくこう》に処《お》り、困窘《こんきん》して履《くつ》を織り、槁項黄馘《こうこうこうかく》なるは、商の短とする所なり。一たび万乗の主を悟して、従車百乗なるは、商の長ずる所なりと。荘子曰く、秦王病有りて医を召く。癰《よう》を破り痤《ざ》を潰《つぶ》す者は、車一乗を得、痔を舐《な》むる者は、車五乗を得る。治むる所愈《いよ》いよ下らば、車を得ることも愈いよ多し。子《し》は豈《そ》れ其の痔を治むるか。何ぞ車を得ることの多きや。子よ行《さ》れと。（『荘子』列禦寇《れつぎょこう》篇）

この資料から判断して、荘周が周に滅された殷《いん》の末裔が建てた宋の国の人間で、宋の都・商丘《しょうきゅう》に住んでいたことは確実である。他にも列禦寇篇には、「人の宋王に見《まみ》ゆる者有り。車十乗を錫《たまわ》り、其の十乗を以て荘子に驕穉《きょうち》す（自慢する）」とあって、やはり荘周は宋人だったとされている。ちなみに彼と親交のあった恵施も、宋人であった。

それでは次に、彼の暮らしぶりはどうであったろうか。前の逸話によれば、荘周はわらじ作りの内職でその日の糧《かて》を得るような、極貧の生活を送ったとされている。また『荘子』至《し》楽《らく》篇には、彼の妻が死んだと聞いて、恵施が弔問に訪れると、荘周は妻の亡骸《なきがら》の前にあぐらをかき、盆を叩いて歌っていたとの逸話が見えるから、妻がいたことが分かる。また山木《さんぼく》篇や徐無鬼《じょむき》篇には、数名の門人がいた様子が記される。荘周は、こうした貧困のうちに思索を続け、その生涯を終えたのであろう。

『荘子』三十三篇

現在伝わる『荘子』のテキストは、内篇七、外篇十五、雑篇十一、計三十三篇の体裁を取る。これは四世紀の晋《しん》の郭象《かくしょう》が定めたスタイルで、現存する『荘子』は、すべてこの郭象本から出た同一系統のテキストである。

内・外・雑の区分については、内篇は比較的荘周の自著に近いもの、外・雑は後学の手に成るものと考えられている。内篇の中でも、特に逍遥遊《しょうようゆう》篇と斉《せい》

南華眞經卷第一
郭象子玄註　陸德明音義
莊子內篇逍遙遊第一　夫小大雖殊而放於自得之場則物任其性事稱其能各當其分逍遙一也豈容勝負於其間哉○音義曰內篇內者對外立名說文云篇書也字從竹從艸者草名耳非也逍音銷亦作消遙如字亦作搖遊如字亦作游逍遙遊者篇名義取閒放不拘怡適自得夫音符搖直良反徧尺證反當丁浪反分符問反
北冥有魚其名爲鯤鯤之大不知其幾千里也
化而爲鳥其名爲鵬　鵬鯤之實吾所未詳也夫莊子之大意在乎逍遙遊放无爲而自得故極小大之致以明性分之適達觀之士宜要其會歸而遺其所寄不足事事曲與生說自不害其弘旨皆可略之○北冥本亦作溟覓經反北海也嵇康云取其溟漠无涯也梁簡文帝云窅冥无極故謂之冥東方朔十洲記云水黑色謂之冥海无風洪波百丈鯤徐音昆李侯溫反大魚名也崔譔云鯤當爲鯨簡文同幾居豈反下同鵬步登反徐音朋郭甫登反崔音鳳云鵬

『荘子』逍遥遊篇

物論《ぶつろん》篇を、荘周自身の思想を伝える『荘子』の中心部分と考えるのが、従来の通説である。ただし後学の手に成る外・雑篇の中にも、荘周学派の真髄を伝える篇が見られる。前にも触れたように、荘周には数名の門人がいた。そうした直伝の弟子が記したものは、たとえ現在は外・雑篇の中に含まれていても、荘周その人の思想をよく伝えているであろう。以下に荘周の思想を解説するに当たっては、内篇の斉物論篇を中心に用いるが、外・雑篇の中からも、荘周学派の特色をよく伝えている部分を適宜用いることとする。

二　世界の正体

認識の限界

人は何を望んで生きるのか。人は恐怖や苦痛から逃れたいと望み、快楽や幸福を手に入れたいと願う。だが自分の思い通りに生きようとする意志、自由意志は、常に天によってその貫徹を阻まれる。

そこで人は、快楽や幸福を手に入れようともがいたあげく、苦悩や不幸を手に入れる。何一つままならぬ人生を前にしたとき、人は誰か偉大な人物が現われ、人生いかに生きるべきか、世界はどうあるべきかを教え導き、自分をこの苦しみから救ってほしいと願う。迷える人々の前に、思想が現われる。あらゆる思想は、一切の存在を完璧に認識できると誇り、その完全無欠な認識に基づいてさまざまな価値基準を掲げ、言語を手段にいかに自説が真実かを論証するとの形式を踏む。それでは、人智によって存在を完全に認識することは、はたして可能であろうか。

始めという概念がある。すると最初から始めなんか無かったという考えが出てくる。さらにもともと最初から始めなんか無かったということも無かったという考えが出てくる。有るという概念がある。無いという概念がある。すると「無いという概念でさえ、それが有った以上」最初から無いということも無かったという考えが出てくる。さらにもともと最初から無いということも無かったということも無かったという考えが出てくる。「いったん有無の区別を立てると」たちまち有無の際限のない連鎖が生まれてくる。しかも有と無のどちらが本当に有ったのか無かったのかは、誰にも分からない。

始めなる者有り。未《いま》だ始めより始め有らざる者有り。未だ始めより夫《か》の未だ始めより始め有らざるもの有らざる者有り。有なる者有り。無なる者有り。未だ始めより無有らざる者有り。未だ始めより夫の未だ始めより無有らざるもの有らざる者有り。俄《にわ》かにして有無あり。而《しか》も未だ有無の果たして孰《いず》れか有にして孰れか無なるやを知らず。（『荘子』斉物論篇）

このように世界の始源は、どこまで思索を遡らせても、決して突き止めることはできない。同様に、世界が有から始まったのか、無から始まったのかも、決して分かりはしない。始・有・無といった基本概念すら確定できないとすれば、人智で対象の存在を認識することなど、そもそも不可能だとしなければならない。

認識そのものがすでに不完全である以上、それに基づいて作られた価値基準もまた、思想が勝手にデッチ上げたデタラメにすぎない。それが証拠に、人のいないところには、善悪・美醜・優劣・尊卑など、一切の価値は存在しない。

しからば言語は、信頼するに足るであろうか。言語とは、特定の意味と特定の符号を対応させる約束の体系である。だがこの約束は、決して守られることがない。

いったい言語とは、ただ口から音を吹き出すことではない。言語には、伝えようとする意味がある。それなのに、言語と意味との対応関係が不確定だとすれば、言語は本当に成立するのであろうか、それとも言語など最初から成立していないのであろうか。

夫《そ》れ言は吹《すい》には非ざるなり。言には言わんとするところ有り。其の言わんとする所の者、特《な》お未だ定まらざれば、果たして言有るか、其れ未だ嘗《かっ》て言有らざるか。(『荘子』斉物論

篇）

人は意味と符号を対応させる約束を、好き勝手に解釈し、都合のいいように変更する。だからこそ、同じ出来事に対し、ある者は正義だとほめたたえ、ある者は邪悪だと非難する。言語によって意味を伝達し合えると考えるのは、人間の錯覚にすぎない。

このように、思想を構成する要素、存在・認識・価値・言語などが、全く信頼できない代《しろ》物《もの》だとすれば、思想とはいったい何であろうか。思想とは、人間が捏造した虚構を、あたかも世界の側にもともと存在した真実であるかのように装う詐欺であり、「有ること無きを以て有りと為す」（斉物論篇）欺瞞《ぎまん》行為にほかならない。

だが思想家たちは、「未だ心に成さずして是非有り」（斉物論篇）と、わが思想は断じて自分の心に生じた偏見などではなく、もともと世界にあった真実なのだと吹聴する。

荘子は恵子（恵施）に語りかけた。この世には客観的な真理が確立しているわけではない。だから、もし［客観的判定基準なしに］人々がそれぞれ真理だと主張することを、そのまますべて真理だと認めたならば、この世は堯《ぎょう》のような聖人だらけになっちまうよね。つられて恵子はうなずいた。うん、そうだね。すかさず荘子は突っ込んだ。そんなら儒家と墨家、楊朱《ようしゅ》と公孫龍《こうそんりゅう》、それに君を加えた五学派が、それぞれ自分の思想こそ真理だと言い争ってるんだが、いったいどうやって真理を決めるんだい。

荘子曰く、天下に公是《こうぜ》有るには非ざるなり。而して各《おの》おの其の是とする所を是とすれば、天下は皆堯なり。可ならんかと。恵子曰く、可なりと。荘子曰く、然らば則ち儒・墨・楊・秉《へい》の四、夫子《ふうし》と五と為《な》る。果たして孰《いず》れか是なるやと。(『荘子』徐無鬼篇)

救いがたい思想の習性として、彼らは自己の相対化を恐れ、己の真理の額に、「唯一の」「絶対の」「真の」といった類の護符を貼りつける。そこで恵施をはじめ、唯一絶対の真理は至る所で相見《あいまみ》え、人間の不幸を救済できるのは己のみであり、他のいかなる自称真理も真の真理ではないと、口々に罵りあう。この戯画的光景の中に、思想はそれが単に虚構の正当化にすぎず、いずれの真理も普遍ではありえぬことを、自ら暴露する。

架空の価値定立。人間のみが患う幻覚。これが思想の正体であってみれば、いかに壮大な論理を築こうとも、それは地上の悲劇を増幅こそすれ、いささかも解決したりはしない。では虚構の美酒に酔うことなく、人間たるの不幸より脱する術はなにか。

相対判断の彼方に

思索の根底を問い詰め、一切の幻想をはぎ取り、なに一つ差し引かず、なに一つ付け加えぬとき、世界ははじめてその正体を現わしてくる。

人が世界の正体を見られないのは、相対判断によって目隠しされているからである。善悪・美醜・尊卑・優劣といった相対判断は、比較の対象を必要とする。人間が一人しかいない場合、その人間に対し、背が低いとか高いとか、身分が高いとか低いとか、善人だとか悪人だとかの判断を加えることは、全く不可能になる。このように必ず比較の相手を必要とする判断は、絶対的な判断とはなりえない。

それなのに人間は、相対判断を絶対だと思い込み、相対判断がもたらす価値評価をも絶対視する。だが価値判断は、人間が自分たちの都合に合わせて勝手に捏造した虚構にすぎず、世界の側には存在しない。人間が動物を捕って喰《くら》うのは立派な行為だが、動物が人間を捕って喰うのは残虐な犯罪だなどという身勝手な評価は、もとより人間の世界でしか通用しない。人間が世界の真理だと称するものの実体は、実は人間の利害・好悪にすぎない。しかも何が善で何が悪かの判断は、人によってまちまちで、人間世界の内部ですら普遍性を持たない。

世界の側には決して存在しないもの、相対判断による価値評価を取り去るとき、世界ははじめてその正体を現わしてくる。

すべての物には、本来それでよいのだと肯定さるべきあり方がある。すべての物には、もともとそのままで結構だと認められるべきあり方がある。どんな物でも肯定されないものはないし、いかなる物でも認められないものはない。〔中略〕どんなに奇怪な連中のなかにも、道は同じように通じている。〔中略〕あらゆる物は、完成したとか壊れたといった相対判断とは何の関係もなく、本来的に斉一《せいいっ》である。〔中略〕どうしてそのようであるのか、訳も分からないままに存在するだけのあり方を、道というのである。

物には固《もと》より然《しか》りとする所有り。物には固より可とする所有り。物として然らざるは無く、物として可ならざるは無し。〔中略〕恢恑憰怪《かいききつかい》なるも、道は通じて一為《た》り。〔中略〕凡《およ》そ物は、成ると毀《こわ》るると無く、復《ま》た通じて一為り。〔中略〕已《のみ》にして其の然るを知らず。之を道と謂う。(『荘子』斉物論篇)

あらゆる個物は、なぜ自分がそうであるのか、その理由を一切知らぬまま、この世に生まれ、そして生き続ける。自己がこのような状態で存在するについて、そもそも理由があったわけではなく、その状態を選択して生まれてきたわけでもない。気がついたら、すでにそうだったというにすぎない。道とは、万物が残らず共有する、この存在者としての同一性でなければならない。

思想家が説くように、唯一絶対の普遍的真実、正しい世界のあり方を道と呼ぶのであれば、道は決して何者をも排除しないであろう。もし道が、お前のような悪はこの世に存在してはならないとか、お前は醜い怪物だからこの世に存在すべきでないとか、お前は無能で役立たずだから存在する必要がないなどと、相対的価値を基準に個物を差別し追放したりすれば、そこにどのようなことが起こるであろうか。

存在を否定された個物は、次のように居直るであろう。そんなにいてはいけない私が、なぜにこの世に存在するのか。道よ、お前は自分を普遍的真実だと自称するが、私の存在には適用できない以上、お前は普遍でもなければ真実でもなく、ただの偏見にすぎない。道よ、お前は自分を世界の正しいあり方だなどと詐称するが、現にこうして存在する私を否定して、真実をねじ曲げなければならぬのでは、お前は正しいあり方でも何でもなく、歪んだ偏見でしかないと。

かくして道は、何者かをこの世界から追放せんとしたあげく、否定対象が自己の存在を以てする開き直り、「そんなら私はなぜ存在するんだい？」との問いかけによって、逆に自らを否定されてしまう。

とすれば真実の道は、この世から何者をも追放しようとはしないであろう。万物の間には、本来何の価値的区別もなく、すべての個物は、「なぜかは知らねど、我はかく在り」との斉同性のみを共有して存在しているとのあり方こそ、道の内容でなければならない。

そうであれば、もはや個物は、善悪・貴賤・美醜・優劣などの価値的差別に圧迫される必要はない。人間がデッチ上げたそうしたまやかしを、宇宙の真実であるかのように思い込まされていたからこそ、その価値的序列の中で上昇しようとあがいたり、上昇できずに自信を喪失して悩んだりしてきたのである。一切の万物は、すべて斉同なのだとの真実に目覚めれば、人は自己と他者を比較して競い合う苦悩から解放される。

万物の無限連鎖

それでは、相対判断の呪縛さえ消えてしまえば、あらゆる個物は、自分の意志にのみ基づいて、自由に生きられるのであろうか。実はそうではない。世界とは、万物の総体である。不幸なことに、この総体は、単なる集合であってはくれない。「万物 畢《ことごと》く羅《つら》なるも、以て帰するに足る無し」(『荘子』天下篇)と、万物は互いに起因と結果を演じつつ、際限なく連鎖する。

そこで個物は、袋の中に豆がぎっしり詰まっているような状態の中で、「自ら解くこと能《あた》わざる者は、物の之を結ぶこと有ればなり」(『荘子』大宗師《だいそうし》篇)と、無限連鎖の網の中に永久に捕捉されている。

私が自由に動きまわれないのは、隣にお前がいて邪魔をしているからだ、そこをどけと叫んでみても、隣も同様に身動きできないのである。さらに不幸なことに、それならいったい、どこのどいつが私の自由意志を阻んでいるのだ、責任者出てこいなどと追及してみても、「其《そ》の之《これ》を為《な》せし者を求むるも、得ざるなり」（『荘子』大宗師篇）と、己を束縛する者の姿はどこにも見当たらない。

個物の自由意志が遂げられるかに思えたのは、環《わ》と環のわずかな間隙《かんげき》がもたらした錯覚にすぎず、責めを帰すべき相手がいるかに思えたのも、連鎖の果てしない広がりを見落としたための、同様に錯覚であった。万物が相互に形づくる、この存在者としての必然的関係こそ、天の実相にほかならない。受けとる個物の側よりすれば、この関係は、逃れえぬもの、命《めい》として現われる。こうした、総体（天）と個物との関係（命）を自覚する者の前に、世界は、個物の自由意志を決して貫徹させせぬ、その本来的構造を明らかにする。

道は、相対判断の鉄鎖を解き放ち、すべての個物に存在者としての斉同なる地位を与えた。そして天は、無限連鎖の網を張りめぐらし、あらゆる個物から、自由意志を、祈りや憎悪の対象を探す慰めとともに、余すところなく奪い去った。

この索漠たる深淵をのぞくとき、人は天に自我を通さんとする迷妄より脱却し、没価値・無目的・無意味・無秩序のままに生起する世界の中に、一切を肯定して生きる、孤独な覚醒者となろう。

三　混沌の世界を生きる

已むを得ざる必然

世界の正体を思索し続けたあげく、荘周がたどり着いた結論は、実に索漠としたものであった。世界とは、没価値・無目的・無意味・無秩序のままに生起する、徹底的な個別者の無限連鎖でしかない。敢《あ》えて表現するならば、それは混沌である。混沌なる世界には、もとより、いかなる体系も存在せず、個物は全体に対し、果たすべき何らの役割をも持ち合わせない。個物と個物をつなぐものは、一個の体系を成すもの同士の連帯の絆ではなく、単に存在者としての斉一性（道）と、互いに他者を拘束し合う必然的関係（天・命）にすぎぬ。一切の事物の生起は、必然であると同時に無意味であり、そこに愛の介在する余地など、最初からありはしない。

南海を治める帝を儵《しゆく》といい、北海を治める帝を忽《こつ》といい、中央を治める帝を混沌という。あるとき儵と忽は、混沌が治める土地で遭遇した。すると混沌は、二人を手厚くもてなした。そこで儵と忽は、混沌の厚意にお礼をしたいと思い、次のように相談した。すべての人間には耳目鼻口の七つの穴があって、それで見たり聞いたり、呼吸したり飲食したりするんだが、混沌だけはのっぺらぼうで、一つも穴がない。どうだい、感謝の印に穴を開けてやろうじゃないか。こうして二人は、一日に一つずつ、混沌の顔に穴を開けていったのだが、七日めに最後の穴を開け終えると、混沌はすでに死んでいた。

南海の帝を儵と為し、北海の帝を忽と為し、中央の帝を渾沌《こんとん》と為す。儵と忽と時に相与《あいとも》に渾沌の地に遇《あ》う。渾沌の之を待《たい》すること甚だ善し。儵と忽と渾沌の徳に報いんことを謀《はか》りて曰く、人は皆七竅《しちきょう》有りて、以て視聴食息《しちょうしょくそく》するも、此れ独《ひと》り有ること無し。嘗試《こころ》みに之を鑿《うが》たんと。日に一竅を鑿つに、七日にして渾沌死せり。（『荘子』応帝王《おうていおう》篇）

思想は愛の名の下に、混沌たる世界に価値や目的、意味や秩序を刻みつけようとする。そのために思想は、世界の正体を見失い、わが手で描き出した仮面にしがみつく。

それでは、思想の虚構に頼らず、混沌の世界を生きるには、どうすればよいのであろうか。そのためには、天の実相から目をそらさず、万物が形作る無限連鎖の網が、人間の努力などでは決して解けないことを、徹底的に思い知る必要がある。その上で、「夫《そ》れ物に乗りて以て心を遊ばしめ、已《や》むを得ざるに託して、以て中を養うは、至れり」（『荘子』人間世《じんかんせい》篇）と、自ら進んで鎖につながれ、行方も知らずに漂うのだ。そのときはじめて、人は鎖から解き放たれる。

たとえいかなる不幸が襲ってこようと、すべてを已むを得ざる必然、大いなる運命として引き受ける。それこそが、天に自我を通そうとする迷妄より脱却し、真に目覚めた者として、混沌の世を生きる術なのだ。

世俗と処る

荘周は、真の覚醒者の超越を空想に託して誇示し、世俗の矮小さや思想の愚かさを嘲笑・罵倒した。だがそこには、深刻な自己矛盾が潜んでいる。価値は人間の主観であり、相対判断にすぎないから、すべての価値定立は否定されるべきである。この真理を悟った自分は知者であり、その他の者は愚者だと言うとき、それは新たな価値定立をしたことにはならないのであろうか。他人を憎んではいけません、すべての人を愛さなければなりません、そうしない人を私は憎みますと言うに似た自己矛盾を、犯してはいないのか。

荘周は、言語は意味を伝達せず、言語による一切の世界解釈は不可能だと主張した。それでは、荘周が言語を用いて行った世界解釈もまた、彼が否定した思想と同様に、無意味なのであろうか。

ひょっとしたら自分も、主観を客観だと言い張り、自己を肯定しては他者を否定するといった、思想と同じ過ちに陥っているのではないのか。自分も思想と同じように、「私は正しい、なぜなら私は正しいからだ」と叫んでいたにすぎないのではないか。荘周の心に不吉な影がしのびよる。

自分が思索したように、道が万物を等しく肯定しているとすれば、あの思想を説く長い欺瞞者の列さえも、やはり道は、連中が在るがごとくに在らしめているとしなければならない。とすれば、思想の言葉は否定するとしても、思想を捏造し、信じ込み、でたらめのつじつま合わせに熱中する者たちの存在自体は、然り、と肯定せざるをえないのであろうか。それでは、自分はいったい何を思索し、何を語ってきたというのであろうか。

いまや、荘周が否定せんとしてきたもののすべてが、諸刃《もろは》の剣として、彼自身に襲いかかる。彼は、この悟りの隘路《あいろ》より、もはや一歩たりとも動くことはできぬ。このとき荘周の思索は、思想を否定せんとする思想の宿命、自己崩壊を迎える。

ここに至って荘周は、対立者の存在を前提にした二義的存在、反対者としての危うい存立を脱し、「独り天地の精神と往来して、万物に敖倪《ごうげい》せず、是非を譴《せ》めず、以て世俗と処《お》る」(『荘子』天下篇)と、何者をも見下したりせず、何者をも否定せず、世俗に紛れて黙然と生きることとなる。

「渾沌氏の術」(『荘子』天地篇)を操って既成の判断の枠組みを打ち破り、思索の旅を続けた荘周は、手ぶらでもと居た世界へと帰って行った。

第三章　歴史否定の快楽主義者・楊朱

一　戦国時代の流行思想

人生なにをか楽しまん

楊朱《ようしゅ》は戦国前期（前四〇〇年前後）に活動した思想家で、道家の一人として扱われることが多いが、その伝記はほとんど不明である。だが彼が唱えた利己主義や快楽思想は、当時大流行した。

楊朱は言う。人の寿命は百年が限度である。百年も長生きできる者は、千人に一人もいない。たとえ百年生きたとしても、何も分からない赤ん坊の時期と、ボケ老人の時期を差し引けば、半分の五十年になる。夜眠っている時間と、昼間ボーッとして知覚のない時間を差し引けば、また半分の二十五年になる。病気やケガに苦しんだり、悩みごとで気の晴れない期間を差し引けば、さらに半分の十数年になる。その十数年の間、少しの心配事もなく、心の底から楽しいと思えた時間がどのくらいあったか数えてみれば、ほんの一時すらなかったことに気づく。

これが人生だとすれば、我々は何をして生き、何を楽しんで生きればよいのか。美しい服を着て、たらふくご馳走を食べ、豪華な屋敷に住んで、好きなだけ音楽や女色に耽《ふけ》る。これ以外に、何の望むことがあろうか。

ところがそうした快楽さえも、常に味わうことはできない。なぜかと言えば、お上の賞罰による誘導や、世間の評判とか法令とかの規制を受けるからだ。そのせいで人々は、死んだ後まで立派な人だったと言われようと計算して、心ならずもうわべの品行方正さを他人と競争してみたり、自分の言動に加えられる評価を少しでも上げようと、快楽の追求にいじましい自己規制を加えていい子ぶる。その結果、せっかくめぐってきた快楽のチャンスをみすみす逃し、後先を考えず、自分のしたいように欲望を発散できないのだ。こんなざまでは、手枷《てかせ》・足枷・首枷をはめられ、牢屋の奥に監禁されているのと、いったいどこが違うのだ。

楊朱曰く、百年は寿《いのち》の大斉《かぎり》なり。百年を得る者は千に一も無し。設《たと》え一者有るも、孩抱《みどりご》より以て昏老《こんろう》に逮《およ》ぶまでは、幾《ほとん》ど其の半ばに居《お》る。夜眠《やみん》の弭《や》む所、昼覚《ちゅうかく》の遺《うしな》う所は、又た幾ど其の半ばに居る。痛疾哀苦《つうしつあいく》、亡失憂懼《ぼうしつゆうく》は、又た幾ど其の半ばに居る。十数年の中を量《はか》る

列子卷第七　世德堂本
張湛處度注
楊朱第七 夫生者一氣之暫聚一物之暫靈暫聚者終散暫靈者歸虛而好逸惡勞物之常性
故當生之所樂者厚味美服好色音聲而已耳而復不能肆性情之所安耳目之所娛以仁義爲關
鍵用禮教爲衿帶自枯槁於當年求餘名於後世者是不達乎生生之極也
楊朱 或云字子居戰國時人後於墨子楊朱與禽滑釐辯論其說在愛己不拔一毛以利天下與墨子相
反 游於魯舍於孟氏孟氏問曰人而已矣奚以名爲曰
以名者爲富既富矣奚不已焉曰爲貴既貴矣奚不已
焉曰爲死既死矣奚爲焉曰爲子孫 夫事爲無已故情無猒足 名奚

『列子』楊朱篇

に、逌然《ゆうぜん》として自得し、介焉《わずか》の慮《きがかり》も亡《な》きは、亦《ま》た一時の中にも亡きのみ。則《すなわ》ち人の生くるや、奚《なに》をか為《な》さんや。奚をか楽しまんや。美厚《びこう》を為さんのみ。声色《せいしょく》を為さんのみ。而《しか》るに美厚も復《ま》た常には厭《あ》き足るべからず。声色も常には翫《もてあそ》び聞くべからず。乃《すなわ》ち復た刑賞の禁勧する所、名法《めいほう》の進退する所と為り、遑遑爾《あくせく》と一時の虚誉《きよよ》を競いて、死後の余栄を規《はか》り、偊偊爾《うじうじ》と耳目の観聴に慎みて、身意《しんい》の是非を惜しみ、徒《いたず》らに当年の至楽を失いて、自ら一時に肆《ほしいまま》にすること能《あた》わず。囚《ろう》を重ね梏《かせ》を累《かさ》ぬると何を以て異《こと》ならんや。(『列子』楊朱篇)

孟子の非難

楊朱より約五十年ほど後に現われた孟子は、楊朱に激しい非難を浴びせている。孟子はその理由を、「楊子は我が為《ため》にするを取る。一毛を抜きて天下を利するも、為《な》さざるなり」

（『孟子』尽心《じんしん》上篇）と述べる。もしあなたの髪の毛を一本抜くことが、天下全体の利益になるとしたならば、抜いてもらえるかと尋ねられた楊朱は、にべもなく嫌だと断ったそうだ。このように楊朱は、我が身の利益しか眼中になく、天下全体の利益のために一毛を抜くことさえ惜しむ徹底した利己主義者であって、実に怪《け》しからぬ男だというわけである。

そこで孟子は、「楊氏は我が為にす。是れ君を無《な》みするなり。墨氏は兼愛す。是れ父を無みするなり。父を無みし君を無みするは、是れ禽獣《きんじゅう》なり」（『孟子』滕文公《とうぶんこう》下篇）と、自分の父も他人の父と等しく愛せと説いて父への孝を無視する墨子の思想や、利己主義を説く楊朱の思想は、人間から忠誠心を失わせ、人々を君臣関係や国家組織から離脱させる、野獣にも等しい邪説だと弾劾した。

だが、「楊朱・墨翟《ぼくてき》の言は、天下に盈《み》つ。天下の言は、楊に帰せざれば則ち墨に帰す」「楊・墨の道息《や》まざれば、孔子の道は著《あらわ》れず」（『孟子』滕文公下篇）といった孟子の憤慨に接するとき、楊朱の思想が墨家思想とともに当時の思想界を二分して、多くの人々に支持されていた状況が浮かび上がってくる。いつ終わるとも知れない戦乱の世が、人々の間に刹那《せつな》的享楽を追い求める風潮を生んだからであろう。

それでは、こんなにも孟子を怒らせた楊朱の利己主義とは、どのようなものだったのだろうか。『孟子』以外でこれに言及するのは、『呂氏春秋《りょししゅんじゅう》』不二《ふじ》篇の「陽生《ようせい》は己《おのれ》を貴《とうと》ぶ」との記述だけである。しかし「貴己」のわずか二字だけでは、その内容は依然としてはっきりしない。楊朱の思想を最もまとまった形で提供するのは、道家の一人、列禦寇《れつぎょこう》の著作とされる『列子』楊朱篇である。そこでここでは、楊朱篇を用いて楊朱の思想を解説していくことにしよう。

二　利己と快楽の論理

世のため人のためにするな

［墨子の弟子の］禽子《きんし》が楊朱に尋ねた。あなたの身体の毛を一本抜くだけで、世界が救われるとしたら、抜いてあげますか。楊朱は答える。もともと世界なんて、たった一本の毛では救済できませんよ。禽子はしつこく、仮に救えるとしたらどうしますか、とたたみかける。だが楊朱は、無言のままだった。

部屋を出た禽子は、［楊朱の弟子の］孟孫陽《もうそんよう》にそのいきさつを話した。すると孟孫陽は、あなたには楊朱先生の真意がお分かりではないのです、代わりに私に説明させて下さいと言い、もしお前の肌を傷つければ万金やるぞと言われたら、あなたはしますかと尋ねる。しますとも、と禽子は答えた。そこで孟孫陽は、それじゃお前の手足のどれかを切り落とせば、国家の君主にしてやろうと提案されたら、やりますかと尋ねた。すると禽子は、しばらくの間黙りこくる。

それを見た孟孫陽は、次のように説明した。一毛は皮膚よりちっぽけだし、皮膚が手足よりちっぽけなのは、分かりきっています。逆に言えば、一本一本の毛が集まって皮膚ができており、皮膚が集まって手足ができているのです。ですから、たとえ一本の毛がどんなにちっぽけであっても、人の身体を構成する多くの要素の一つであることに違いはないのです。だったら、どうしてそれを軽んじたりできましょうや。

> 禽子楊朱に問いて曰く、子《し》が体の一毛を去りて以て一世を済《すく》うべくんば、汝《なんじ》は之を為すかと。楊子曰く、世は固《もと》より一毛の済う所に非ずと。禽子曰く、仮に済わば、之を為すかと。楊子応ぜず。禽子出《い》でて孟孫陽に語る。孟孫陽曰く、子は夫子《ふうし》の心に達せず。吾請《こ》う、之を言わん。若《なんじ》が肌膚《きふ》を侵《おか》して万金を獲《う》ること有らば、若は之を為すかと。曰く、之を為すと。孟孫陽曰く、若が一節を断ちて一国を得ること有らば、子は之を為すかと。禽子黙然として間有り。孟孫陽曰く、一毛は肌膚より微《かすか》にして、肌膚は一節より微なること省《あき》らかなり。然らば則ち一毛を積みて以て肌膚を成し、肌膚を積みて以て一節を成す。一毛は固より一体の万分中の一物なり。奈何《いかん》ぞ之を軽んぜんやと。（『列子』楊朱篇）

「己を貴び」「我が為に」だけする楊朱の利己主義とは、天下や国家といった全体の利益のためには、個人を犠牲にしてもよいとする考えを拒絶し、ひたすら自己の生命や身体を尊重しようとするものであった。

快楽につきまとう苦痛

それでは、わが身が傷つけられたり、損なわれたりせず、ただ五体満足で生きのびさえすれば、それで十分なのであろうか。楊朱は決してそのようには考えない。

楊朱は身体・生命を貴ぶ「貴生」の立場から、さらに進んで、「可なるは生を楽しむに在り、可なるは身を逸《やすら》かにするに在り」と、「楽生」を主張する。ただ生きているだけではしようがないのであって、思う存分楽しむのでなければ、せっかく生きている甲斐がないというわけである。

この「楽生」の立場をさらに推し進めれば、当然そこには、「則ち人の生くるや、奚《なに》をか為さんや。奚をか楽しまんや。美厚を為さんのみ。声色を為さんのみ」と、感覚的欲望を追求しようとする、快楽主義が姿を現わしてくる。

ところが、快楽思想を整合的に理論化するのは、タイトルが与える印象とは違って、快適な作業とはならない。そもそも、高級ファッションに身を包んではグルメ三昧《ざんまい》、御殿に住んで音楽を奏《かな》でさせ、美女をはべらせて女色に溺れるといった感覚的快楽の追求には、それを可能にするだけの財産が要る。もし金がなければ、どんなに快楽を実践しようとしても、人は貧しさの中で、心ならずも禁欲生活を強いられてしまう。

それでは、莫大な富はどうすれば手に入るのであろうか。出世して君主から高級官僚に任命され、高額のサラリーをもらうとか、手広く商売をして巨万の富を得るとか、徳の高い人物だとの世間的名声を獲得して、あちこちの君主から客として厚遇されるとかが、そのための方法となる。

だが地位・利潤・名声などを獲得するとなれば、勤勉な努力だの、緻密な損得勘定だの、対人関係の気配りだの、偽善による売名だのに精を出さなければならない。そうすると、必ずや肉体は疲労し、精神は憔悴《しょうすい》する。その結果、人は快楽思想を実践するために苦悩するといった、馬鹿げた矛盾にはまり込んでしまう。

楊朱はこうした矛盾を避けるために、「豊屋《ほうおく》・美服・厚味・姣色《こうしょく》、此《こ》の四者有らば、何ぞ外《ほか》に求めん。此れ有るも外に求むるは、猒《あ》くこと無きの性なり」と、まず追求すべき快楽の範囲を、豪邸・ファッション・グルメ・美女の四種に制限する。これ以上の快楽を望むのは、欲張りだというのである。

その上で彼は、次のように述べる。

孔子の門人の原憲《げんけん》は、食うや食わずの貧乏暮らしだったが、これでは満足に生命を養うことすらおぼつかない。同じく孔子の門人だった子貢《しこう》は、商売に励んで中国一の大富豪になったのだが、金儲けにあくせくしたせいで、心身ともに疲れ果ててしまった。してみれば、あまりに貧乏なのもダメだし、あまりに金持ちなのもダメである。〔中略〕快楽を追求し、人生を上手に楽しむには、ほどほどの金持ちがよい。

原憲の窶《まず》しきは生を損《そこ》ない、子貢の殖《と》むは身を累《わずらわ》す。然らば則ち窶しきも亦た不可、殖むも亦た不可なり。〔中略〕故に善く生を楽しむ者は窶しからず。善く身を逸《やす》らかにする者は殖まず。(『列子』楊朱篇)

このように楊朱は、快楽のための経済的基盤についても、一定の制限を加えて、前記の矛盾を切り抜けようとしたのである。

だがこうした解決策には、多くの疑問が残る。ほどほどの金持ちにとどめるべきだと言われても、そもそもそれ自体がかなり困難で、誰にでも実現できるとは限らない。しかも、いくらほどほどの経済力にとどめたからといって、勤勉な努力、人づき合いの気苦労、利害の計算、世評への配慮といったわずらわしさなしに、それを維持できる保証もないであろう。したがって楊朱が示す解決策も、本質的な解決策とはならない。快楽の追求には金が要るが、金を稼ぐには苦労が伴うとの矛盾は、感覚的欲望の充足を目指す形の快楽思想にとって、依然として未解決の課題として残されている。

三　歴史至上主義への挑戦

賢も愚も死ねば骸骨

楊朱は言う。万物の生きざまは千差万別で、それぞれに異なる。だがいずれ死ぬ点では、万物はすべて同じである。人間の場合、生きている間は、能力のある者やない者、地位の高い者や低い者といった違いがある。ところが死んでしまうと、生きている間の違いはすべて消えてしまって、同じように死体が腐って骨になり、消滅していく。このように生には差異が、死には平等があるとしても、能力の有無や地位の上下なども、実は生まれながらの運命によって決まるもので、本人の努力でどうにかできるものではない。つまり生死・賢愚・貴賤といったものに、人間は何一つ手出しはできないのである。そうであれば、いかに生きざまは千差万別だとしても、自分ではコントロールできない運命にしたがっている点では、万物はすべて斉同なのだ。

また十歳で若死にするのも、百歳まで長生きするのも、死ぬことに変わりはない。仁者や聖人でもやっぱり死ぬし、凶悪な人間も愚か者もやっぱり死ぬ。生きてる間は堯《ぎょう》・舜《しゅん》（二人は古代の聖王で、堯は舜に天子の位を禅譲《ぜんじょう》した）のような聖王でも、死ねば腐って

酒池を作らせる桀（宋本『列女伝』）

骨になるし、生きてる間は桀《けつ》・紂《ちゅう》（桀は夏《か》王朝最後の王で、殷《いん》の湯《とう》王に滅ぼされた。紂は殷王朝最後の王で、周の武王に滅ぼされた）のような暴君でも、死ねば腐って骨になる。生前どうだったかには全く関係なく、腐って骨になる点では、皆同じなのである。そうであれば、他人の評価など気にする必要などないのであって、たまたま訪れた人生をちょっとの間生きるのに、どうして死後の評判を気にかける暇《いとま》があるだろうか。

楊朱曰く、万物の異なる所の者は生なり。同じき所の者は死なり。生きては則ち賢愚・貴賤有り。是れ異なる所なり。死しては則ち臭腐・消滅有り。是れ同じき所なり。然りと雖《いえど》も賢愚・貴賤は能《よ》くする所には非ざるなり。臭腐・消滅も亦《ま》た能くする所には非ざるなり。故に生も生かす所に非ず、死も死なす所に非ず、賢も賢くする所に非ず、愚も愚かにする所に非ず、貴も貴くする所に非ず、賤《せん》も賤《いや》しくする所に非ず。然らば而《すなわ》ち万物は、斉《ひと》しく生きて斉しく死し、斉しく賢にして斉しく愚、斉しく貴にして斉しく賤なり。十年も亦た死し、百年も亦た死す。仁聖《じんせい》も亦た死し、凶愚も亦た死す。生きては則ち堯舜なるも、死しては則ち腐骨。生きては則ち桀紂なるも、死しては則ち腐骨。腐骨なるは則ち一なり。孰《たれ》か其の異なるを知らん。且《しばら》く当生《とうせい》に趣《おもむ》くに、奚《なん》ぞ死後に遑《いとま》あらん。（『列子』楊朱篇）

楊朱は語る。賢愚・貴賤といった多様な生の諸相も、すべてはどうにもしがたい運命であって、個人の努力の結果ではない以上、そこに価値的序列はなく、自己責任もない。偶然にして必然の命のままに生き、そして死ぬ以上、いかなる人生も斉同だとしなければならない。その証拠に、善良なる人生には永遠の生命が、邪悪なる人生には短命が対応したりはせ

堯（漢代の画像石）

舜（同）

ず、どんな人生であれ、待ち受けるのは平等な死と、醜悪な死骸でしかない。とすれば、仁聖とか凶愚といった他者の評価など無意味であり、たまたま訪れた一瞬の人生を面白おかしく生きる以外に、気にかけるべきことは何もないであろう。このように楊朱は、世間の評価が生み出す名誉と汚名の差異を、生と死が宿す同質性によって、斉同化し無と化したのである。

さらに楊朱は、舜・禹《う》・周公旦《たん》・孔子の四聖人と、桀・紂二人の暴君を実例に上げて、前記の考えを説明する。「凡《およ》そ彼《か》の四聖は、生きては一日の歓《よろこ》び無く、死しては万世の名有り」と、四人の聖人は、一日も楽しむことがない苦痛ばかりの人生を送り、そのお陰で、死後は聖人だとの評判を獲得した。だが苦心惨憺《さんたん》して聖賢の名声を手に入れてみても、「名《な》は固《もと》より実《じつ》の取る所に非ず。之を称《たた》うと雖《いえど》も知らず。之を賞《ほ》むると雖も知らず。株塊《しゅかい》と以て異なること無し」と、死後の名声など人生の実質とはまるで無縁である以上、死んだ後でいくら誉められても、終えてしまった苦渋の人生に何のプラスにもなりはしない。

同様に桀や紂が、「生きては欲を縦《ほしいまま》にするの歓び有りて、死しては愚暴の名を被《こうむ》る」と、欲望の限りをつくして悪名を蒙《こうむ》っても、「実は固より名の与《あずか》る所に非ず。之を毀《そし》ると雖も知らず、之を称《けな》すと雖も知らず。此れ株塊と奚《なに》を以て異ならんや」と、死んだ後でいくら非難されても、人生の実質がそれに影響されることは何一つないから、終えてしまった享楽の人生に、今さら何のマイナスにもなりはしない。

とすれば、不朽の名声も末代までの悪名も、死んでしまえば後の祭りで、切り株や土くれと同じく、その人の人生には何の意味も価値もない。楊朱はこうした論法で、快楽の探求を邪魔する世間的評価に対して、その有効性を否定する。

死んでしまえば皆同じ、朽ち果てた骨をいくら眺めてみても、聖人だったか悪人だったか、誰にも分かりはしない。やりたい放題で勝ち逃げしてしまえば、死んだ後で何と言われようと、そんなものは糞くらえ、過ぎてしまった人生に何の関わりもありはしない。人生の充足。それだけがすべてではないのか。楊朱の懸命の説得は続く。

だが一方に、歴史が人を裁き断罪するといった脅迫装置としての歴史と、歴史によく書かれることこそ最高だと考える歴史至上主義が、無傷でそびえ立つ限り、人々はなおその束縛から自分を解き放ちはしないであろう。そこで楊朱は、いよいよ歴史そのものに攻撃の刃を向けはじめる。

歴史よ、お前も滅ぶ

彼はまず、「五情の好悪《こうお》は、古《いにしえ》もなお今のごとし。四体の安危は、古もなお今のごとし」と、感情や肉体の仕組みといった人間存在は、古今を通じて全く同一であり、歴史的過程のうちに進歩したりはしないと指摘する。ついで楊朱は、「世事《せじ》の苦楽は、古もなお今のごとし。変易《へんえき》の治乱は、古もなお今のごとし」と、人間社会の在りようや治乱興亡の歴史は、古今を通じて全く同一であり、本質的には同一の現象のくり返しにすぎぬと断言する。

このように人間も歴史も、金太郎飴《あめ》のごとき存在だとすれば、五十年で切ろうが百年で切ろうが、切断面は常に同一で、そこに長短や遅速の差異はないことになる。つまりこれは、人間存在や人類の歴史が、時の継起とともに進歩・発展するとの歴史観に対する全き否定にほかならない。

歴史至上主義は、悪しき歴史的現実に対し、歴史を貫く道徳律が審判を下し、現世の誤てる序列が必ずや未来に逆転されるとの立場に立つ。その結果、歴史至上主義においては、善と悪の闘いと善の勝利、末法の世とか理想の王国の到来、破滅ののちの世界の再生、正義の系譜の継承、歴史の必然的発展法則など、さまざまな形で歴史にストーリーが与えられる。そして個々の人生は、それぞれのストーリーに占める位置や果たした役割に応じて、正とか邪とか、進歩とか反動とか、評価され意味づけられる。こうした虚構への信仰こそが、いつの日にか歴史の審判が下り、自分に最後の勝利と栄光が与えられるとの希望をもたらし、人々に不幸な歴史的現実を耐え忍ばせるのである。

歴史に何の意味も認めず、「古もなお今のごとし」と喝破する楊朱の主張は、人生を歴史のストーリーのなかに意味づけようとする歴史至上主義への、真っ向からの挑戦であり、否定であった。

歴史に対する楊朱の攻撃は、いよいよ本格化する。

　太古の人々の事跡は、完全に滅んでしまった。誰がそれを記録しているだろうか。次の三皇（伝説上の帝王で、天皇《てんこう》・地皇《ちこう》・人皇《じんこう》などいろいろな数え方がある）の時代の事跡は、あったかなかったかさえ判然としない。次の五帝（伝説上の五人の帝王で、数種の数え方がある）の時代の事跡は、夢か現《うつつ》かすら定かでない。次の三王（夏を建国した禹《う》王、殷を建国した湯王、周を建国した文王）の時代は少しましだが、湮滅《いんめつ》を免れた事跡は、億分の一にも足りない。同時代の事跡でさえ、見聞の限界に遮《さえぎ》られ、万分の一も記録はされない。たとえ眼前の出来事であっても、記憶はたちまちに消え失せ、千分の一も記録にとどめられない。

　太古から現代まで、いったいどれだけの時が過ぎ去ったのか、もとより誰も、それを数えることなどできない。［最古の帝王である］伏羲《ふっき》から今までの三十数万年の間に限ってさえ、賢愚や美醜、成敗や是非などの評価で、消滅しなかったものはない。消滅するのと記録が残るのとの差異も、所詮は早く消えるか遅く消えるかの違いにすぎない。そうであれば、たった一瞬の評判を自慢したいために、肉体を苦しめて、たかだか死後数百年しかもたない名声を手に入れてみても、それで骸骨が甦《よみがえ》

伏羲像（『三才図会』）

るわけではない。そんな真似をしても、実際の人生に何の楽しみも加わりはしない。

太古の事は滅びたり。孰《たれ》か之を誌《しる》さんや。三皇の事は存するがごとく亡きがごとし。五帝の事は覚《さ》むるがごとく夢みるがごとし。三王の事は或いは隠れ或いは顕《あら》われて、億に一も識《し》らず。当身《とうしん》の事は或いは聞き或いは見るも、万に一も識らず。目前の事は或いは存し或いは廃するも、千に一も知らず。太古より今日に至るまで、年数は固《もと》より勝《あ》げて紀《しる》すべからず。ただ伏羲よりいらい三十余万歳、賢愚好醜、成敗是非は、消滅せざるは無し。ただ遅速の間《へだて》のみ。一時の毀誉《きよ》に矜《ほこ》りて、以て其の神形《しんけい》を焦苦せしめ、死後数百年中の余名を要《もと》むるも、豈《あ》に枯骨《ここつ》を潤《うるお》すに足らんや。何の生をか之れ楽しまんや。（『列子』楊朱篇）

人間によって作られる事実の記録、歴史は、こんなにも疎漏《そろう》で杜撰《ずさん》である。しかもそのあやふやな記録ですら、次々に太古のなかに繰り入れられて、無に帰していく。そもそも歴史自体が、絶望的なまでに不完全であり、しかも必ず消滅して無に帰すとすれば、そんなものが、人間にとって最後の審判者にはなりえない。

もし神に代わって歴史が人を裁くのであれば、歴史は神のごとくに全知全能であらねばならない。私は歴史のなかに永遠に生き続けるであろうなどと、したり顔で自らを慰めてみても、いずれ歴史がお前を裁くであろうなどと、しかめ面で他人を脅してみても、散る桜、残る桜も散る桜とばかりに、歴史そのものが遅かれ早かれ消滅する以上、所詮それは一時の気休め、こけおどしにしかならない。存在すら知られない者に対して、誰が誉めたりけなしたりできようか。後世の歴史家によって、己の不遇な人生も、必ずや再評価されるに違いないといった、みみっちい歴史至上主義の幻想は、歴史そのものをも、無の暗黒に呑みこむ時の流れの前に、塵《ちり》のように吹き飛ばされる。

そもそも人間は、干《ひ》からびた名前を歴史書に登録するために、生まれるのではない。昆虫が、死骸を標本箱に収めるために、生まれるのではないように。人は未来の評価を、あらかじめ人生に取り込んで生きることはできないし、現実の人生の負債を、後世の評価によって帳消しにすることもできない。自分が受け取れるのは、実際に自分が生きた人生だけで、死後の評価を受け取り、それを自分の人生のなかに編入することはできない。この簡明な事実に目覚め、歴史のために生きることをやめよ。今ここにある一瞬の人生を、己のためにだけ生きよ。

快楽思想の魅力

楊朱の思想は、無窮の時の流れや、必然的運命といった巨大な力を、ちっぽけな人間の努力と対比することにより、人間社会が作り出した価値的序列を無と化した上で、無の地平から反転して個人の生き方を探求しようとする構造を持つ。こうした思想構造は、老子や恵《けい》施《し》・荘周《そうしゅう》（荘子《そうじ》）とも大きく共通する性格を示す。のちに楊朱が、道家の一人として扱われる原因も、この点に存するであろう。

前にも述べたように、快楽思想の体系化は極めて困難な作業である。楊朱は、「人人《ひとひと》一毫《いちごう》すら損なわず、人人天下を利せざれば、天下治まらん」と、万人が利己主義の立場を守り、天下・国家のために我が身を犠牲にしなければ、天下は安寧に治まると主張する。たしかにそうなれば、天下・国家のために闘争する者もいなくなるから、戦争は地上から姿を消すであろう。しかしその一方で、利己主義の徹底は、社会組織の維持をも不可能にする。そうなった場合、快楽の経済的基盤が維持できるのかとの疑念が生ずる。また、快楽思想の実行には金が要るが、金儲けには苦労が伴うとの矛盾も、やはり未解決の課題として残る。

楊朱は「身《み》は我が有《ゆう》には非ざれども、既《すで》に生ずれば之を全《まつと》うせざるを得ず」とか、「既に生ずれば則ち廃《うちす》てて之に任《まか》せ、其の欲する所を究《きわ》めて、以て死を俟《ま》たん」と、生まれてしまったからには、やりたい放題やって死を待つだけだと語る。ちまちました世間の評価に縛られたりせず、大いなる運命にすべてを委ね、本性のままに今を生きよというわけである。だが、たとえ世間的評価は無視するとしても、大いなる運命が、感覚的欲望の充足を万人に許すかどうかは、はなはだ疑問であろう。

このように楊朱の思想には、かなりの矛盾が残されている。だが体系化には成功していないとしても、たった一回きりの、せっかくめぐってきた人生を、他人の評価に縛られて窮屈に生きるのではなく、心の底から楽しいと感じながら生きたいとの叫びは、生命そのものが宿す、理屈抜きの本能的欲求でもある。楊朱の思想が、墨子の思想と天下を二分するほどに当時の人々に支持された原因も、この点にあるであろう。

第四章　受命なき聖人・孔子

一　挫折の人生

諸国放浪の旅

孔子の最古の伝記である『史記』孔子世家《せいけ》によれば、孔子は魯《ろ》の襄公《じょうこう》二十二年（前五五一年）、魯の都・曲阜《きょくふ》の南東、昌平郷《しょうへいきょう》の陬邑《すうゆう》に、貧しい下級武士の次男坊として生まれたとされる。父の名は叔梁紇《しゅくりょうこつ》、母の名は顔徴在《がんちょうざい》と伝えられるが、孔子は野合《やごう》の子だったという。何か複雑な事情が存在したのであろう。

陬邑は全くの寒村だったが、やがて孔子は曲阜の城内に移り住む。成人したのちも、低い身分のせいで、上級の官職にはありつけず、倉庫番や牧場の管理人といった小役人をつとめるなど、転々と職を変えてやっと食いつなぐ有様だった。

その後孔子は、にわかに礼学の師匠を名乗って門人を集めはじめる。しだいに門弟の数が増え、礼学者としての評判も高くなるにつれて、孔子の心には、高い地位を獲得して政治に参加したいとの欲望が渦巻きはじめる。

だが一介の匹夫《ひっぷ》にすぎぬ孔子が、卿《けい》や大夫《たいふ》といった高級貴族と肩を並べ、魯の朝廷で政務を執るなどということは、いくら身分制が崩れかけていた春秋末であっても、どだい無理な相談であった。

待てど暮らせど登用されるはずもなく、しびれを切らした孔子は魯に見切りをつけ、弟子を引き連れて国外に出る。むろん登用してくれる君主を探す就職活動の旅で、定公十三年（前四九七年）、五十六歳のことであった。すでに初老の域に入っていたにもかかわらず、この挙に及んだこと自体、孔子の為政への執着がいかに強かったかを物語る。

門人の縁故をてづるに利用するなどして、七十名以上の君主に売り込みを図ったが、結局どこの君主からもまるで相手にされなかった。

十四年にもわたる諸国放浪の旅が完全な失敗に終わったのち、夢破れた孔子は魯に舞い戻り、門人の教育に専念する。かくして孔子は、哀公十六年（前四七九年）、七十三歳の生涯を閉じる。

孔子像（『三才図会』）

礼学とは何か

孔子教団は礼学を看板に掲げていたのだが、そもそも礼学とは何であろうか。

る。周王朝の朝廷では、定まった期日に、天地や祖先神、山川の神霊を祭る祭祀儀礼が行われる。また天子の即位や葬儀、諸侯や使節の入朝などに関しても、煩瑣《はんさ》な儀礼が執り行われる。

人々は、これらの儀礼を唯一の行動規範と仰ぎ、それに厳格に従って行動するよう求められた。礼法に服従し続ける限り、人々は自己の主体的な意志や感情のままに、好き勝手に振る舞うことを禁じられ、身分制に基づく一定の様式の下に、常に受け身の言動を取らざるをえなくなる。したがって王朝儀礼の順守は、人々を天子の権威に服従させ、王朝体制を強固に維持する上で、重要な役割を果たす。体制側の人間、保守的な人間が、決まって儀礼の尊重を口にするのは、そのためである。

だが封建諸侯の力が強大となって、天子の命令を無視するようになれば、彼らは当然、周の王朝儀礼をも無視しはじめる。有力な諸侯は、天子が独占してきた儀礼を自国の朝廷で勝手に実施して、自らを天子に擬す僭越をくり返す。これは洋の東西を問わず見られる現象で、無礼者が必ず革命家なわけではないが、体制に挑戦する革命家は、決まって既成の儀礼を無視するのである。

このように王朝体制の弱体化と王朝儀礼の衰退とは、表裏一体の現象であるかのように進行する。そこで王朝儀礼をもう一度復活させれば、王朝体制の弱体化も阻止できるとの発想が生じてくる。そのために、古代の礼制を復元しようとする学問が礼学である。もとよりこれは、全くの錯覚でしかない。政治力・経済力・軍事力などの領域で、天子と諸侯の力関係が逆転したところに根本原因があるのであって、王朝儀礼の衰退はそれに付随する二義的現象にすぎない。したがって派生的現象の側を操作することによって、根本原因の側を変更できると考えるのは、本末転倒の幻想となる。

ただし既存の体制を破壊し、新たな体制を創始しようとする革命家も、権力を掌握したのちは、権力維持の手段の一つとして、自前の儀礼を定め、それを順守するよう人々に強制する。この場合、礼学はそれに必要な知識を供給する役割を果たす。

これが礼学と国家権力との基本的関係であるから、そもそも礼学は、旧体制擁護の方向に機能するにせよ、革命による新体制樹立の方向に機能するにせよ、それ自体強い政治性を帯び続けるのである。

二　礼学の実態

「知らないふりをするのが礼」

孔子は周の王朝儀礼の衰退を嘆き、周の礼制を復元することにより、乱世を終わらせて周の盛時を回復するのだと吹聴した。

孔子は魯の貴族の季氏《き》を非難して、次のように言った。季氏は自分の家廟の前庭で、八《はち》佾《いつ》の舞を舞わせている。こんな非礼すら我慢できるのであれば、どんな僭上だって我慢できないことはない。

孔子、季氏を謂う。八佾にして庭に舞わす。是をも忍ぶべくんば、孰《たれ》をか忍ぶべからざらん。(『論語』八佾篇)

宗廟の祭りでは、舞楽が奉納される。その規模についても、周の礼制には厳格な規定が存在した。天子の場合は一列八人が八列(八佾)の六十四人、諸侯は六人六列の三十六人、卿・大夫は四人四列の十六人と定められていた。しかるに魯の季孫子《きそんし》は、陪臣の身分にもかかわらず、家廟の前庭で八佾の舞を舞わせた。孔子はそれを、周の礼制を無視した天子への僭上として、激しく非難したのである。

それでは、本当に孔子は、周の黄金時代の礼制を知っていたのであろうか。

ある人が禘《てい》の祭りの意義を質問した。孔子は、知らないよ、そんなことを知ってる人がいれば、天下だって手のひらに乗せて眺めることができるだろうよと言って、自分の手のひらを指さした。

或るひと禘の説を問う。子曰く、知らざるなり。其の説を知る者の天下に於けるや、其れ諸《これ》を斯《ここ》に示《み》るが如きかと。其の掌《たなごころ》を指す。（『論語』八佾篇）

周の天子は、正月《せいげつ》（暦の最初の月）に祖先神である帝を都の南の郊外で祭る。これが禘の大祭である。孔子は礼学の大家だというので、ある人がその意義を尋ねた。さだめし立板に水のごとく博識を誇示するかと思いきや、孔子は何一つ答えられずに、はぐらかしの一手で逃げを打つ。

周公旦像（『三才図会』）

孔子先生は周公旦《たん》を祭る魯の大廟に入られるや、これは何か、あれは何に使うのかと、いちいち質問された。そこで居合わせた人が、誰が陬《すう》の田舎者の小倅《こせがれ》を礼の大家だなどと言ったのだ、奴は何も知らないぞと罵った。それを聞かれた先生は、平然として、知っていても知らんふりで尋ねるのがあなた、礼儀というもんですよと答えられた。

子大廟に入りて、事ごとに問う。或るひと曰く、孰《たれ》か

鄹人《すうひと》の子を礼を知ると謂うや、大廟に入りて事ごとに問う。子之を聞きて曰く、是れ礼なり。(『論語』八佾篇)

周公旦《たん》は、殷を倒して周を建国した武王の弟である。周王朝成立直後、武王は急死したが、長子の成王はいまだ幼児であった。そこで周公旦は、摂政として甥の成王を補佐し、周の制度や文化を一手に定めた。魯は周公の子・伯禽《はくきん》が封建された国家で、事実上周公は魯の建国の祖であった。

したがって魯では、大廟を築いて盛大に周公を祭祀していた。もとより卑賤に生まれつい た孔子など、決して足を踏み入れることのできない神聖な場所であった。だが礼学の大家だとの評判が立ったお陰で、あるとき大廟での祭祀の手伝いを許され、生まれてはじめて大廟に入ることができたのである。

そこまでは良かったのだが、何せはじめて見るものばかりで勝手が分からず、思わずあれは何か、これは何かと質問しまくってしまった。当然インチキ臭いと感づく者がいて、聞こえよがしに罵られてしまう。すると孔子は、私は本当は聞かずとも全部知っているんだが、物知り顔をせずに、わざと知らないふりをして質問したのだ、こうした謙虚さこそ、礼儀というもんですよと答える。

だが罵った人物が問題にしていた「礼」は、大廟における祭祀儀礼の具体的知識、礼学を指していたにもかかわらず、孔子はそれを対人関係の礼儀作法にすりかえて、問題をはぐらかしている。それじゃ一つ、私の博識をご披露してお目にかけましょうなどとは言えないのが、孔子の辛いところで、おとぼけでかわすしか手がなかったのである。

空想の礼学

五百年も前の文王・武王の時代に、周公旦が制定した周の礼制。その姿を体系的に復元するのは、至難の業《わざ》である。諸子百家の中で礼学を看板に掲げたのは、孔子教団のみであった。当然孔子は、礼学を独占できる特殊な立場にあったと考えたくなるが、実はそうではない。周王室の王朝儀礼は、周の王族や卿・大夫などの高級貴族のように、自ら朝廷の儀式に参列して礼法に習熟している者か、あるいは王室直属の祝官や史官のように、儀式の進行を司る官職にあった者でなければ、その詳細を知ることができない。

特に王朝儀礼に関する体系的かつ具体的知識を保持し、礼法に込められた由緒や意義まで説明できるのは、典礼の記録を代々保存・伝承してきた周王室の史官に限定される。ところが孔子は、全く卑賤の生まれであったため、王朝儀礼どころか、諸侯の朝廷や卿・大夫の家で行われていた儀礼さえ、ろくに目撃できない境遇にあった。にもかかわらず孔子は、にわかに礼学の師匠を名乗って門人を集め、自分は夏・殷・周三代の王朝儀礼について完璧な知識を持っていると豪語したのである。

漢の高祖による孔子の祭祀（『聖蹟図』）

それでは、孔子は誰から礼学を学んだのであろうか。

衛《えい》の国の公孫朝《こうそんちょう》が子貢《しこう》に尋ねた。お宅の先生は、誰のところで学問を修《おさ》められたのですかな。子貢は答える。文王・武王の道は、今や衰退の一途とはいえ、まだ完全に消滅してしまったわけではなく、人々の記憶の中に残されております。賢者は大事な部分を憶えていますし、そうでない者は隅《すみ》っこのことを憶えております。してみれば人間はどこにでもいますから、文武の道がないところはありません。そこでうちの先生は、至るところで学んだわけでして、誰といって決まった先生などいなかったのでありますよ。

衛の公孫朝子貢に問いて曰く、仲尼《ちゅうじ》は焉《いず》くにか学べる。子貢曰く、文武の道は未だ地に墜《お》ちずして人に在り。賢者は其の大なる者を識り、賢ならざる者は其の小なる者を識る。文武の道は有らざるところ莫《な》し。夫子焉くにか学ばざらん。而して亦た何の常師《じょうし》か之れ有らん。（『論語』子張篇）

公孫朝は衛の大夫で、朝廷儀礼の体験者であったため、どうも孔子の礼学は素姓が怪しいと睨んだ。そこで彼は、子貢に孔子の学統を尋ねる。案の定、返ってきた答えは、勉強なんかどこでもできる、先生なんか要らないよとの居直りだけであった。

要するに孔子の礼学は、彼がかき集めた一知半解《いっちはんかい》の断片的知識を、自分の想像力でつなぎ合わせただけの、空想の産物であった。孔子は、「述べて作らず」（『論語』述而《じゅつじ》篇）などとうそぶきながら、その実「知らずして之を作り」（同）、「亡きも有りと為し、虚《むな》しきも盈《み》てりと為す」（同）欺瞞で、周囲をたぶらかしていたのである。

三　野望の果て

吾は已んぬるかな

孔子は礼学を看板に掲げて門人を集めていたが、彼の野望は礼学の師匠に満足するには、あまりにも大きすぎた。孔子の心底には、衰えきった周王朝に代わって新王朝を樹立し、自ら天子になろうとする野望が秘められていた。

定公八年（前五〇二年）、季孫子の家臣であった公山弗擾《こうざんふつじょう》が、自分が管理していた費邑《ひゆう》を根拠地に、魯の桓公の子孫として権勢を振るっていた三桓氏《さんかん》に反乱を起こし、孔子を自分の陣営に引き入れようと招いてきた。孔子は「子は往《ゆ》かんと欲す」（『論語』陽貨篇《ようか》）と、応諾しようとする。ところが正義感の強い子路《しろ》は、いくら仕官したいからといって、何も反逆者の公山弗擾のところに行かなくてもよいではありませんかと、孔子を押しとどめる。

すると孔子は、「夫《そ》れ我を召く者は、豈《あ》に徒《いたず》らならんや。如《も》し我を用うる者有らば、吾は其れ東周を為さんか」（同）と答える。わざわざこのわしを指名してきたからには、公山弗擾にも深い考えがあってのことに相違ない、わしを登用する者さえいれば、わしはこの魯に、東の周王朝を建国してみせるぞというわけである。

公山弗擾が三桓氏を駆逐して、国政の実権を魯公に奉還する。次いで魯公は、自分の徳が孔子に及ばぬのを悟り、孔子に君位を譲る。すると天下の諸侯は孔子の徳を慕い、競って魯に入朝する。これによって洛陽を都とする周王朝は廃止され、魯に孔子王朝が成立する。このとき孔子の頭の中には、およそこんな筋書きが浮かんでいたであろう。

子曰く、鳳鳥《ほうちょう》至らず、河は図《と》を出《い》ださず。吾《われ》は已《や》んぬるかな。（『論語』子罕篇《しかん》）

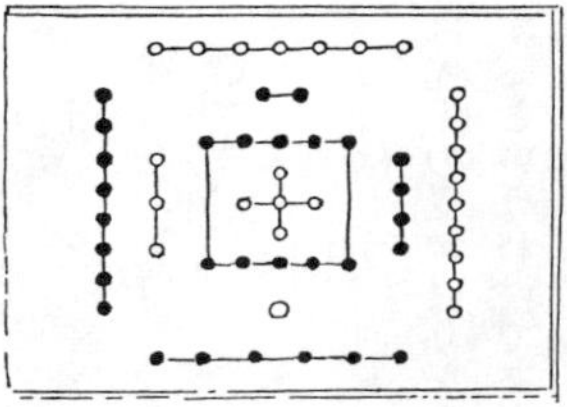

河図

鳳鳥

あまりにも著名な孔子のことばである。いくら待っても、天からは鳳鳥が舞い降りてこないし、黄河からは背中に図を載せた龍馬が現われない。わしはもうおしまいじゃ。

鳳鳥と河図《かと》は、王者が出現して新王朝を開き、乱世を終わらせて太平の世をもたらす瑞兆《ずいちょう》である。鳳鳥も河図も一向に現われぬ状況は、近い将来、新王朝の出現によって太平の世が実現する可能性がなく、今後も乱世が続くことを意味する。

そこで孔子は嘆いたのだが、決してそれは、地上に生きる人間たちへの哀れみから、評論家のように発せられた嘆きではない。なぜなら孔子は、「吾は已んぬるかな」と、自分の人生とのみ結びつけ、当事者として嘆いたからである。

それでは鳳鳥や河図が現われぬ事態は、なぜに孔子の人生の行きづまりを意味するのであろうか。孔子は周王朝に取って代わる新王朝の樹立を願い、上天から自分に命令が下る日の到来を祈り続けた。だからこそ瑞兆が出現しない事態は、孔子にとって自己の野望が叶えられない事態、すなわち人生の失敗を意味したのである。

子曰く、予は言うこと無からんと欲す。子貢曰く、子如《も》し言わざれば、則ち小子は何をか述べん。子曰く、天何をか言わん。四時《しいじ》行《めぐ》り、百物生ず。天何をか言わん。(『論語』陽貨篇)

わしはもう、何も喋らんぞ、と孔子は言い出す。驚いた子貢は、あわてて翻意を促す。私は先生の受け売りをしているのですから、先生には今まで通り喋ってもらわなければ困ります、というわけである。だが孔子は、天は何も語りはしないが、それでも四季はめぐり、万物は生成するではないか、わしが沈黙したって何の支障もあるまいよと応ずる。

どんなに理想を説いてまわっても、どこの君主も全く耳を貸さなかった。弁舌は徒労でしかなかった。それならいっそのこと、何も語らず沈黙してやるぞ。天子になり損ねた憤懣《ふんまん》から、孔子は世をすね、弟子に鬱憤《うっぷん》をぶちまける。

失意の最期

どこの君主からも相手にされぬまま、哀公十一年(前四八四年)、孔子は六十九歳で魯に舞い戻る。そして哀公十六年(前四七九年)、孔子は不遇の生涯を閉じる。どういうわけか、『論語』には孔子の死に関する記述がない。そこで『史記』孔子世家が伝える孔子の最期を紹介してみよう。

孔子が病だと聞いて子貢が面会に訪れると、孔子は杖に背負われるようにして、屋敷の門の辺りをうろうろしていた。子貢の姿を見た孔子は、泰山も崩れ落ちてしまうのか、梁柱も砕け散ってしまうのか、哲人もこのまま凋《しぼ》んでしまうのかと歌う。歌いながら悲しみ募る孔子の頬を、涙が伝った。そして孔子は子貢に向かい、天下が幾久しく無道であったため、ついにわしを王朝の宗主とはしなかったと語りはじめる。上天から徳を授かった哲人を無視し、覇道に明け暮れる戦乱の中で、新王朝を創始し、自ら天子たらんとした野望が挫折した怨みを、涙ながらに訴えたのである。

このように儒家は、儒教の教祖である孔子が失意のままに死んだと言い伝えた。それでは、教祖が天子になり損ね、惨めな死を遂げたとする伝承は、その後の儒教にどのような影響を与えたであろうか。

孔子は戦乱の世をしきりに嘆いて見せ、周の礼制を回復することによって、乱世を終わらせ、太平の世を実現すべきだと訴えた。だがその実、孔子は周の礼制については、ほとんど何も知らなかった。彼は当時の知識人であれば誰でも知っていたことを聞きかじり、それを口にしていたにすぎない。

たとえば孔子は、魯の大夫である季孫子が、家廟の前庭で天子の舞である八佾の舞を舞わせたとして、その非礼・僭上を激しく非難した（『論語』八佾篇）。だが季孫子は、それが身分を超えた僭上であることを知らなかったわけではない。季孫子は、知っていたからこそ、わざとさせたのである。庶民が王侯貴族に憧れ、その真似をして得意顔をする場合も、庶民はもちろん、それが王侯貴族の特権であることを百も承知の上で、あえて真似するのであって、無知だから僭上するのでは決してない。

孔子は、「礼は其の奢《おご》らんよりは寧《むし》ろ倹《けん》せよ」（同）などと説く。つまり祭祀儀礼は華美にするよりは質素な方がよいとの説教なのだが、こんな説教は、特殊な礼学的知識を持たずとも、誰にでもできる空虚な精神訓話にすぎない。

このように孔子の生涯は、詐欺を重ねてきた当然の結果として、多くの矛盾に満ちていた。その中でも孔子が天子になり損ねたと嘆いて死んだことは、儒教にとってとりわけ深刻な矛盾であった。なぜなら儒教は、有徳の聖人こそが天から受命して天下を統治すべきであり、これまでの歴史もそのように推移してきたとの徳治主義を標榜するからである。もし孔子が有徳の聖人なのだとすれば、徳治主義は孔子に至って破綻したことになる。また徳治の因果律が依然として正しいのだとすれば、孔子は有徳の聖人ではなかったことになってしまう。孔子の死は、後学の徒に深刻な矛盾を残すものであった。

四　『論語』と日本人

挫折の人生への慰め

室町時代の終わりまで、学問は特別な知識人の間でのみ伝授され、一般に広く普及することはなかった。だが江戸幕府が成立すると、幕府は朱子学を官学に指定し、大いに儒学を奨励した。こうした幕府の手前、各大名も競って儒者を雇って藩儒に迎え、藩校を開設して、儒学尊重の姿勢を示した。

その余波は民間の寺子屋にも及び、町人の子弟も『論語』の素読に励むようになる。その結果、武士から町人まで広く学問が普及し、『論語』や孔子は、日本人にとってにわかに馴染み深い存在へと変化した。猫も杓子《しやくし》も『論語』を口にする儒学の流行をからかって、「論語読みの論語知らず」といった諺《ことわざ》が生まれたのもこの頃である。

こうした風潮は、儒教を近代日本の精神的支柱に据えようとした政府の方針の下、明治以降も形を変えて継承される。旧制の中学や高校の場では、盛んに漢学教育が実施され、漢学先生はやれ仁義だ忠孝だと全国に跳梁した。

かくして日本人は、『論語』や孔子に強い愛着を示す国民へと変貌した。日本人が孔子を愛好してきた原因の一つは、孔子の人生を、高い理想を掲げながら、険しい現実に破れさった悲劇の人生と捉えた上で、それを自分の人生と重ね合わせた点にあろう。

大多数の人間にとって、人生は思い通りには行かない。願望の大半は叶えられずに終わる。そうしたとき、人々は『論語』から孔子の挫折の人生を読み取り、自己の人生と重ね合わせて共感する。そうすることにより、不遇な人生を生きる勇気と、慰めを得てきたのである。

プロパガンダの成果

むろんこれには、漢学先生の手になる『論語』の解説や、さまざまな孔子の伝記類が大きな影響を与えている。こうした書物の多くは、その根底に護教的精神を濃厚に宿している。漢学先生は、孔子の言動や人生を記述するに当たり、ここではこんな風に感動するんですよと、読者を強く誘導する。読者は長年そうした読み方に馴らされてきたため、『論語』を読むと習慣的に感動するのである。プロパガンダの偉大な成果というべきで、この傾向は現在もなお、漢文の教科書などに保存されている。

それでは、校長室の扁額の文句などでお馴染みの一節を紹介してみよう。


過去の事柄に十分習熟した上で、未来がどうなるかを予知してこそ、はじめて教師になれるのだ。

子曰く、故《ふる》きを温《あたた》めて新しきを知らば、以て師と為るべし。（『論語』為政《いせい》篇）

確かに御説ご尤《もっと》もな感じを受ける。しからば孔子は、古代の礼制について、本当に「温める」に足るだけの知識を持った上で、門人を集めて教師をしていたのであろうか。彼自身は未来を洞察できていたのであろうか。

他人が自分を評価しないことなんか、ちっとも気に病む必要はない。自分に才能がないことこそ、心配すべきなのだ。

子曰く、人の己を知らざるを患《うれ》えず、己の能無きを患う。（『論語』憲問《けんもん》篇）

このことばも、やはり御説ご尤もの印象を与える。しからば孔子は、自らそれを実践したであろうか。「子曰く、我を知るもの莫《な》きかな」（『論語』憲問篇）とか、「居《お》れば則ち曰く、吾を知らず」（『論語』先進《せんしん》篇）などと、孔子は出世できない不満を弟子にこぼし続けた。もし孔子が、自分のことばをそのまま実践したとすれば、愚痴をこぼす暇に、ひたすら自分の無能を憂え続けたことであろう。

人は、口先だけなら何とでも言える。問題は、その人が発したことばを、どれだけ自分で引き受けられるかである。

第五章　失敗した革命家・孟子

一　諸国遍歴

ひのき舞台での活躍

孟子は戦国前期、前三七〇年前後に、魯《ろ》に隣接する小国家である鄒《すう》に生まれ、戦国中期の終わり頃、前二九〇年前後にこの世を去った。『史記』孟子荀卿《じゅんけい》列伝によれば、若い頃の孟子は、孔子の孫である子思《しし》の門人に学業を受けたという。やがて学者としての名声も高くなり、多くの弟子を抱えて、鄒に学団を形成したと思われる。

前三一九年、孟子は魏の恵王（在位＝前三七〇〜前三一八年）の招きに応じて、中原《ちゅうげん》の大国である魏を訪れる。孟子はチャンス到来とばかり恵王に王道思想を吹き込んだが、何せ恵王はすでに九十歳を越す老齢で、翌年死去してしまう。代わって即位したのは、襄王《じょう》（在位＝前三一八〜前二九六年）であるが、孟子はその頼りない人柄を見て失望し、すぐに魏を退去している。

次に孟子は、斉の宣王《せい》（在位＝前三一八〜前三〇一年）の招きで、東方の強国である斉に赴く。宣王は孟子を厚遇して上卿の身分を与え、国政の最高顧問の地位に据えた。孟子は今度こそ成功間違いなしと意気込み、しきりに宣王に自説を吹聴した。

ところが前三一五年、斉の北にある燕《えん》で王位継承をめぐる内乱が勃発する。孟子は軍事介入するよう強く宣王を煽《あお》った。斉は翌年混乱に乗じて燕に侵攻し、またたく間にその全域を占領してしまう。

孟子像

大勝利に気をよくした宣王は、占領継続と燕の併合を主張したが、孟子は全面撤退を唱えて宣王と対立した。その後、燕では占領に対する抵抗運動が起き、また斉の強大化を恐れる大国が、連合して斉を攻撃する構えを見せた。

そのため宣王の占領継続策は惨めな失敗に終わり、孟子の予想が的中した形となった。宣王は自分の不明を孟子に詫びたが、このときの対立が尾を引いて、孟子は前三一二年に斉を立ち去る。

故国、鄒での引退

後ろ髪引かれる思いで斉を去った孟子は、一時宋に滞在したのち、故国の鄒に舞い戻る。

それでも諦めきれない孟子は、鄒の穆《ぼく》公や隣国の滕《とう》の文公を相手に、自分の理想を説いてまわった。魏や斉が天下の覇権を争う大国だったのに反して、鄒や滕はおとぎ話に出てくるような、ちっぽけな小国にすぎない。まるで大都会のひのき舞台で活躍した看板役者が、ドサ回りの旅芸人となって、田舎の小学校の体育館で児童相手の芝居を演ずるに似た凋落《ちょうらく》ぶりであった。

こうしてしばらくの間くすぶっていたのだが、魯に仕官していた門人の楽正子《がくせいし》の口利きで、魯の平公（在位＝前三一六～前二九五年）が孟子を招聘《しょうへい》するとの話が持ち上がる。孟子にとってはラストチャンスだったのだが、色々な手違いが重なって、結局この話は流れてしまう。夢破れた孟子は引退を決意し、門人たちと『詩経』『書経』の校訂や『孟子』七篇の編集に専念する。以上が孟子の生涯のあらましである。

斉の宣王と会見する孟子
(『孟子故事』)

滕の文公と会見する孟子
(同)

二　王道政治

徳とは「民を保んず」ること

孟子の思想には多くの要素が含まれているが、まず彼の政治思想の特色である王道政治の主張を紹介してみよう。

斉の宣王は、斉の桓公や晋の文公の覇業について、お教え願えないかと尋ねた。すると孟子は次のように答えた。孔子の門下では、桓公・文公といった覇者のことを口にする者は一人もいませんでした。そのため彼らの事跡は後世につたわらず、私もとんと聞いた覚えがありません。どうしてもと言うのであれば、王者についてならお話しできますが。そこで宣王は、どんな徳があれば、王者になれるんでしょうかと聞いた。民衆を安んじて王者になれば、誰も妨害はできませんよと孟子は答える。それじゃ私のような者でも、民衆を安んずることができましょうかと宣王は尋ねた。孟子は太鼓判を押す。できますとも。

斉の宣王問いて曰く、斉桓・晋文の事は、得て聞くべきか。孟子対《こた》えて曰く、仲尼《ちゅうじ》の徒、桓・文の事を道《い》う者無し。是を以て後世伝うること無ければ、臣は未だ之を聞かざるなり。以《や》む無くんば、則ち王か。曰く、徳何如《いか》なれば、則ち以て王たるべきか。曰く、民を保《やす》んじて王たらば、之を能《よ》く禦《とど》むるもの莫《な》し。曰く、寡人《かじん》の若《ごと》き者も、以て民を保んずべきか。曰く、可なり。（『孟子』梁恵王上篇）

桓公と文公は、強大な軍事力で覇権を握り、周の天子（周王）に代わって諸侯を統率した、春秋時代の覇者である。即位間もない宣王は、桓公・文公の覇業に学び、自らも武力で天下を統一せんと意気込み、孟子にその事跡を尋ねたのである。

だが孟子はそれを拒絶し、代わりに王者の道を説く。宣王の側から徳に言及したところを見ると、武力で天下を統一するのが覇者、徳で天下を統一するのが王者だとの認識は、共通理解として定着していたらしい。

ここで孟子が示す徳の中身は、「民を保んず」との一点のみである。この後には、屠《ほふ》られる運命の牛に宣王が憐憫《れんびん》の情を示したことを指摘して、孟子があなたにも王者の資質があると励ます記述が続く。この点からも、民衆の生命・身体を保全し、安全な生活を保障しようとする精神こそ、王者たる徳の中身であることが確認できる。

孟子は魏の襄王に向かっても、同じ考えを述べている。

孟子は魏の襄王と会見した。〔中略〕襄王は出し抜けに尋ねたもんだ。先生、天下はこの先、どんな風に安定するんでしょうかとね。だからわしは答えてやったよ。どこかの国の君主によって、統一されるでしょうなと。そうしたら襄王は、統一するのは誰なんでしょうと聞いてきた。そこでわしは、殺人を好まない人物が、天下統一の事業を達成するでしょうと教えてやったんだ。すると襄王は、そんな人物に誰が味方するんでしょうかと聞くんだ。だからわしは、世界中の人間が味方すると答えてやったのさ。〔中略〕当世の君主は好戦的で、殺人を楽しまぬ者は一人もいない。こうした中で、もし殺戮《さつりく》を好まない君主がいたならば、世界中の民衆は、全員が首を伸ばして、彼の統治を待ち望むに違いない。本当にそうなったときは、水が低地めがけて流れ込むように、世界中の民衆がたちまち彼に帰服します。誰もその大きな流れを塞《ふさ》ぎ止められませんよ。

孟子梁（魏の別名）の襄王に見《まみ》ゆ。〔中略〕卒然として問いて曰く、天下は悪《いず》くにか定まらんと。吾対《こた》えて曰く、一に定まらんと。孰《たれ》か能く之を一にせんと。対えて曰く、人を殺すを嗜《たしな》まざる者、能く之を一にせんと。孰か能く之に与《くみ》せんと。対えて曰く、天下与せざる莫《な》きなり。〔中略〕今夫《そ》れ天下の人牧《じんぼく》、未だ人を殺すを嗜まざる者有らず。如《も》し人を殺すを嗜まざる者有らば、則ち天下の民は、皆領《くび》を引《の》ばして之を望まん。誠に是《か》くの如ければ、民の之に帰すこと、由《な》お水の下《ひく》きに就《つ》きて沛然《はいぜん》たるごとし。誰か能く之を禦《とど》めんと。

（『孟子』梁恵王上篇）

やはりここでも、孟子が王者の資格として挙げるのは、「人を殺すを嗜まざる」ことのみであって、宣王に示した「民を保んず」と一致している。そこで孟子が説く王道政治の中身は、国内にあっては苛斂誅求《かれんちゅうきゅう》によって民衆の生活を脅かさず、国外に対しては侵略戦争によって民衆を殺戮しないとの一点にすぎないことが分かる。

弁論術のからくり

しからば王道政治の主張は、実現可能であったろうか。答えはもとより否である。なぜなら、孟子が操る論理には、致命的な欠陥が存在するからである。孟子が言うような君主が現われたならば、彼はたしかに国民の人気も高く、諸外国での評判も高まるかも知れない。だがそこから先に嘘がある。外から強力な軍隊が侵攻してきた場合、どんなに民衆の支持が高くとも、それで君主が国家を防衛できるわけではない。防衛の成否は、戦場での軍事力の強弱で決するのであって、人気投票の結果で決まるのではない。

また王道を実践する君主が現われたならば、世界中の民衆が彼の統治を待ち望むなどと言ってみても、実際には、水が低地に流れ込むように、他国の民衆が主権国家の枠を超えて、彼の統治下に入ったりはしない。各国の政府がそうした事態を座視・黙認するはずはなく、堰《せき》で水の流れを止めるように、強力に自国民を拘束するからである。

したがって孟子が操る論理には、途中に大きな飛躍があり、ほとんど空想の夢物語の域を出ない。実際に戦国の世を統一したのは、秦王政《せい》（後の始皇帝）であるが、彼は法術思想を採用し、王道政治の正反対を実行して、統一を達成したのである。孟子の予言は、ものの見事にはずれた。その後、二千三百年の中国の歴史においても、孟子が説いた形で天下を統一した王朝など、ただの一つも存在しない。

この例に限らず、孟子は巧みな比喩や一瞬の気迫で相手を圧倒し、他人を論破する術に長《た》けていた。たしかにアジテーター（煽動家）としての才能は豊かだったと言えよう。だがそうした弁論術は、その場その場で相手を言い負かしたとの勝利は収められても、実際に社会を変革し、歴史を動かしていく、現実的勝利を獲得することはできない。『孟子』七篇は、孟子が君主や論敵を言い負かしたとする、数々の戦勝記念碑で飾られている。それにもかかわらず、鄒や滕の君主相手に、ドサ回りの旅芸人よろしく、田舎芝居を演ずる羽目になったのはなぜか。その原因はここにある。

三　性善説

水はどっちに流れる？

次に性善説について紹介してみよう。孟子の性善説は、荀子の性悪説の対極に位置づけられ、孟子の思想の特色を示す重要な要素とされてきた。それでは、人間の本性を善と規定する孟子の論理は、どのようなものであったろうか。

告子《こくし》は次のように語った。人の本性は急流のようなものだ。東に向けて決壊させれば、東に向かって流れるし、西に向けて決壊させれば、西に向かって流れる。人の本性が、もともと善だとか不善だとかに決定されていないのは、ちょうど水が必ず東向きに流れるとか、必ず西向きに流れるとか決まっていないのと同じですよ。

そこで孟子は次のように反論した。東西の場合はその通りだとしても、上下に関しては、水は明瞭な方向性を持っているではありませんか。人の本性が善であるのは、水が必ず下に向かって流れるようなものですよ。人間でありながら、本性が不善だということはないし、水でありながら、低い方に流れないということはないのです。たしかに水面を叩いて水しぶきを上げれば、額よりも上に撥《は》ね上げることはできるし、堰を決壊させて激流を放てば、斜面を駆け上って山のてっぺんまで行かせることもできます。しかしそれが水の本性なわけではありません。一時の勢いがそうさせただけのことです。人が不善を働くことがあるのもこれと同じで、勢いに抗し切れずに、たまたま本性と違った動きをしただけなのです。

告子曰く、性は猶お湍水《たんすい》のごとし。諸《これ》を東方に決すれば、則ち東流し、諸を西方に決すれば、則ち西流す。人の性の善・不善を分かつこと無きは、猶お水の東西を分かつこと無きがごとしと。

孟子曰く、水は信《まこと》に東西を分かつこと無きも、上下を分かつこと無からんや。人の性の善なるは、猶お水の下《ひく》きに就くがごとし。人にして善ならざること有る無く、水にして下らざること有る無し。今夫《そ》れ水は搏《う》ちて之を躍《おど》らさば、顙《ひたい》をも過ごさしむべく、激して之を行《や》れば、山にも在《あ》らしむべし。是れ豈《あ》に水の性ならんや。其の勢則ち然らしむるなり。人の不善を為さしむべきは、其の性亦た猶お是《か》くのごとければなり。(『孟子』告子上篇)

ここで議論のテーマになっている性とは、人間が生まれつき宿す一定のプロセスや方向性を指す。告子の立場は、人間の本性は状況しだいで善にも不善にもなるもので、あらかじめどちらか一方に固定されてはいないとするものである。

孟子の立場は、人間の本性は善なる方向にのみ固定されており、時に不善な行為が生ずるのは、何かの弾みに妨げられ、性が本来指向すべき方向に進めないからだというものである。ここでの孟子の論法も、先の王道政治の場合と同様、ほとんど詐術に近い。たとえ、水が低地に向かう方向性を内在させるように、人の性も一定の方向性を持つとの主張を容認したとしても、その指向する先が善である論拠は何一つ挙げられていない。孟子と全く同じ比喩を使って、「水の下きに就く」がごとく、人間の本性も必ず悪を指向すると主張することも、やはり可能なのである。

本性論の虚構

そもそも、人間が倫理的本性を宿すと考えること自体、全くの虚構に過ぎない。よく邪悪な犯罪者に対して、とても人間とは思えないとか、人間性を疑うなどと非難する輩《やから》がいるが、これは全くの勘違いというものである。肉親や知人に生命保険を掛けて殺したり、インチキ商法で老人からなけなしの財産を巻き上げたりする犯罪は、人間以外にはいかなる生物も行わない、人間の専売特許である。してみれば凶悪犯罪こそ、まさしく人間性の発露だとも言える。

このように、ありもしない倫理的本性を詮索する本性論そのものが、意味のない不毛の議論なのだが、その上さらに、善か不善かの議論自体も全くの空論に過ぎない。善だの悪だのという価値は、世界の側には存在しない。それはただ、人間の観念の中にのみ存在する勝手な妄想でしかなく、人間は単に自分に都合のよいものを善、都合の悪いものを悪と呼んでいるにすぎない。むろん人間の都合は、人ごとに、また時代や地域ごとに異なるから、善や悪の中身もバラバラで、そこに統一基準などは存在しない。

したがって人間の本性は善か悪かという論争は、議論の前提がそもそも成り立たない、滑稽にして愚かしい空理空論にならざるをえない。にもかかわらず、孟子が性善説を主張する原因は、そう規定しないと、民衆は必ず王道政治を支持するとの論理が成り立たなくなるからである。王道政治の場合も、性善説の場合も、孟子は水が低い方に流れる比喩を用いる。こうした共通性も、両者の関係をよく示している。

四　易姓革命説

革命は天の意志

孟子の思想の特色として、最後に易姓革命説《えきせい》を紹介してみよう。中国における王朝交替には、大別して二つのパターンがある。第一は禅譲《ぜんじょう》で、前王朝の天子（王）から王位を譲られた者が、平和的に次の王朝を開く。唐虞《とうぐ》王朝の天子である舜《しゅん》から王位を禅譲された禹《う》が、新たに夏《か》王朝を開いたとする伝承が、このパターンに該当する。

第二は放伐《ほうばつ》で、前王朝を武力で打倒した者が、天子となって新王朝を開く。殷《いん》の湯《とう》王が夏王朝の桀《けつ》王を伐《う》って殷王朝を開いたり、周の文王・武王が殷王朝の紂《ちゅう》王を伐って周王朝を開いたとする伝承が、このパターンに該当する。

この場合、宇宙の絶対神たる上天は、前王朝の王家に与えていた天下統治の命令を取り消し、次の王朝創始者の家に命令を下すと考えられた。このように、上天が天下統治を命ずる相手を変更する行為を革命と呼び、それに伴って王家の姓が変更されることを易姓と呼ぶ。孟子は、この易姓革命を大胆に支持したことで知られるが、それはどのような論理であったろうか。

斉の宣王は次のように尋ねた。湯は夏王朝に仕える諸侯の身でありながら、桀王を武力で倒して殷王朝を建て、武王は殷王朝に仕える諸侯の身でありながら、紂王を武力で倒して周王朝を建てたと聞いています。これは本当にあったことなのでしょうか。文献が記す伝承では、そうなっていますと孟子は答えた。すると宣王は、臣下の身分でありながら、君主を弑逆《しいぎゃく》してよいものでしょうかと尋ねた。そこで孟子は次のように答えた。仁を破壊する者は賊《ぞく》と呼ばれ、義を破壊する者は残《ざん》と呼ばれます。残賊なる人物は、たとえ何様であろうと、身分の卑しい匹夫《ひっぷ》にすぎません。ですから、匹夫の紂を武王が誅殺《ちゅうさつ》したとは聞

禹王（『三才図会』）

湯王（同）

文王（同）

武王（同）

いておりますが、武王が君主を殺害したなどという話は聞いたことがありませんね。

斉の宣王問いて曰く、湯は桀を放ち、武王は紂を伐つ。諸有《これあ》りやと。孟子対《こた》えて曰く、伝に於ては之有りと。曰く、臣にして其の君を弑《しい》するは可ならんかと。曰く、仁を賊《そこな》う者は、之を賊と謂い、義を賊う者は、之を残と謂う。残賊の人は、之を一夫と謂う。一夫の紂を誅せるを聞くも、未だ君を弑するを聞かざるなり。（『孟子』梁恵王下篇）

孟子に言わせれば、仁政を施して民衆の生活を保全し、正義を守って邪悪を禁じてこそ君主なのであって、たとえ名目は天子であろうとも、残虐・無道な悪政を行う者は、もはや君主扱いする必要はない。孟子は、暴君など匹夫扱いで構わないと断言する。したがって、暴虐な天子が君臨する場合、諸侯が兵を挙げてその王朝を打倒し、自ら新王朝を樹立したとしても、それは単に凶悪犯を処刑したにすぎず、君主を弑逆したことにも、君位を簒奪《さんだつ》したことにもならないのである。

かくして孟子は、天子が暴虐な場合との条件付きながら、武力による易姓革命を積極的に肯定した。もっとも湯王や文王・武王による武力革命は、墨家《ぼくか》をはじめとして、古代中国の思想家たちが等しく承認するところであって、当時その是非が論争の的になっていたわけではない。ただ孟子の発言が突出して明快だったので、後世の人々から、孟子の特色として特筆されるようになったのである。

革命原理のない日本

このように易姓革命は、中国世界の人々にとっては半ば常識であり、むしろ当然そうあるべきものであった。この意味で中国は革命の国である。一九一一年に清王朝が武力で倒され、翌年に中華民国が成立した事件は、辛亥《しんがい》革命と称される。近代国家の成立に際してすら、なおそれは天命が革《あらた》まった事件として認識されたのである。

これに対して日本は、原理的に革命のない国である。天皇家は古代のある時期から、自らの姓を名乗らないようになったため、そもそも日本では、易姓という概念自体が成立しない仕掛けになっている。また武力で天皇から政治の実権を奪い、幕府と称する軍事政権を樹立した者たちも、決して天皇制そのものを否定しようとはしなかったし、自分が天皇に取って代わろうともしなかった。

第一、日本の天皇は、上天から地上の統治を委託されたわけではない。日本には中国のような上天信仰が存在しないから、上天から受命するとか、天命が革まるといった思考自体が最初から成立せず、したがって革命なる思考も存在しようがない。一八六八年、江戸幕府は薩長連合軍に武力で倒され、日本に近代国家が誕生したが、この事件は明治維新と称され、決して明治革命などとは呼ばれなかった。第二次世界大戦に古今未曾有《みぞう》の惨敗を喫し、焦土と化した日本がマッカーサー率いる連合国軍に占領されても、だからといって日本に革命などは起きなかったし、昭和という元号すら変更されることはなかった。

このように、日本は原理的に革命がない世界であり、日本人が天皇制の枠組みを離れて自分たちのあるべき姿を構想し実行したことは、一度たりともない。織田信長も、この点では決して革命児などではない。いかほど類似点や共通点があろうとも、中国的世界と日本的世界は、この点で決定的に異質である。中国から『孟子』を積んで出港した船は、途中で必ず沈没し、決して日本にたどり着けないといった伝説（明の謝肇淛《しゃちょうせい》『五雑俎《ござっそ》』）が生じた背景には、こうした国情の違いが作用している。

五　孟子と子思学派

郭店楚簡は何を語るか

司馬遷は『史記』の中で、孟子は子思の門人に学業を受けたと記す。これが事実であれば、孟子は子思学派から多くの思想的影響を受けたことになる。ただしこれまでは、春秋・戦国期の子思学派の活動を伝える文献がほとんど存在しなかったため、具体的に孟子がどのような影響を受けたのかは、皆目不明であった。古来『中庸』は子思の作と伝えられてきたのだが、近年はそうした伝承を疑い、秦から漢初にかけての成立とする見解が学界の大勢を占めてきたので、なおさら子思学派と孟子を繋《つな》ぐ接点が見出せない状況だったのである。
だがこうした手詰まり状態も、ごく最近になって打開される可能性が出てきた。先に紹介したように、一九九三年に湖北省荊門《けいもん》市郭店《かくてん》の戦国楚墓《そぼ》から、七百枚以上の竹簡が出土した。そしてその中には、以前馬王堆《まおうたい》前漢墓から発見されたのと同じ『五行篇』や、『礼記《らいき》』緇《し》衣《い》篇の他、『魯穆公問子思《ろぼくこうもんしし》』『窮達以時《きゆうたついじ》』『唐虞之道《とうぐのみち》』『忠信之道《ちゆうしんのみち》』『成之聞之《せいしぶんし》』『尊徳義《そんとくぎ》』『性自命出《せいじめいしゆつ》』『六徳《りくとく》』などと命名された儒家の著作八篇が含まれていた。

『魯穆公問子思』は、「魯の穆公、子思に問いて曰く、何如なれば而《すなわ》ち忠臣と謂うべきかと。子思曰く、恒《つね》に其の君の悪を称する者は、忠臣と謂うべし」と、忠臣の定義をめぐる魯の穆公と子思の問答を記す。したがって、この篇が子思学派の文献であることは、ほぼ間違いないであろう。

また『窮達以時』には、天の領域と人の領域を区別せよとする、「天人の分」の主張が説かれる。『荀子』天論篇には、やはり「天人の分」の思想があって、従来は荀子の全くの独創と考えられてきたが、今回の発見で、そうでないことが明らかになった。『窮達以時』の「天人の分」は、「天有り人有りて、天と人には分有り。天人の分に察《あき》らかなれば、而ち行うべきを知る」とか、「遇と不遇とは天なり」「窮達は時を以てするも、徳行は一なり」「故に君子は己に反《かえ》るに惇《あつ》し」などと、君主に抜擢・登用されて、卑賤の身から政界に出世できるかどうかは、天が決めることであるから、不遇に終わったとの結果だけを見て、その人間に徳がなかったと判断することはできないとの論調で語られる。筆者は、こうした思考は、不遇に終わった孔子の人生を弁護する目的で形成されたと考えている。そして筆者は、『中庸』もまた、不遇に終わった孔子の人生を弁護する意図で書かれたと考えており、この点で両者は極めて近似した性格を示す。

さらに『成之聞之』には、「慎みて之を己に求め、以て天常に順《したが》うに至る」と、『中庸』に似た思考が見え、『性自命出』にも「性は命より出で、命は天より降《くだ》る」と、『中庸』に類似した性命思想が説かれる。また同時に出土した『五行篇』や『礼記』緇衣篇も、かねてより子思学派及び『中庸』との密接な関連が指摘されてきた文献である。

子思学派と孟子との繋がり

こうした状況から判断すると、郭店出土の儒家的著作八篇は、その大半が子思学派の文献であると考えられる。とすれば、子思学派と孟子の間にどのような繋がりがあったのかを、我々は初めて考察できるようになったわけである。

そう思って竹簡資料を眺めると、たとえば「此れ何をか六徳と謂う。聖智なり、仁義なり、忠信なり」と、『六徳』には仁義の語が見える。これまで仁と義を仁義と連称するのは、孟子に始まると考えられてきた。しかし今回の発見によって、子思学派から孟子が受け継いだ思考だったことが明らかになった。

また『性自命出』には、「未だ教えずして民の恒なるは、性の善なる者なればなり」と、民の性を善と規定する思考が見える。したがって性善説も孟子の全くの独創ではなく、すでに子思学派に、その原形となる思考が存在していたことが判明した。

また『五行篇』には、「唯《た》だ徳有る者にして、然る后《のち》に能く金《きん》声《ふ》れて玉《ぎょく》之を振《おさ》む」と、有徳の人物だけが自己の徳を完成に導けるとの主張が見える。その際『五行篇』は、徳を完成させる修養のプロセスを、鐘が演奏開始を告げてから、玉が演奏終了を告げるまでのプロセスになぞらえている。そして『五行篇』は、それを「君子は集《つ》（就）きて大成す」と、「集大成」とも表現する。その一方で孟子は、「孔子は之を集大成と謂う。集大成なる者は、金声れて玉之を振むるなり」（『孟子』万章下篇）と、ほとんど同じ思考を述べている。この点も、孟子が子思学派から多大な影響を受けたことを物語る。

子思像（『三才図会』）

郭店楚簡「窮達以時」

このように出土資料の発見によって、従来不明だった子思学派と孟子の関係がようやく明らかになりつつある。今後の研究によって、どこまでが子思学派からの継承であり、どこからが孟子の独創であったのかが、かなりの程度解明されることであろう。

第六章　兼愛の戦士・墨子

一　墨子の時代

墨子の活動時期

春秋末から戦国の初めにかけて活動した墨子は、本名を墨翟《ぼくてき》という。彼の伝記は不明なことばかりで、生没年も明確ではない。幸い『墨子』の中には、墨子の言行を記録した、耕《こう》柱《ちゅう》・貴義《きぎ》・公孟《こうもう》・魯問《ろもん》の四篇が収められており、墨家が誕生したころの様子を知る上で、ほとんど唯一の貴重な資料となっている。そこでこれら四篇の内容に基づいて、墨子について考えてみよう。

墨子の活動時期は、いつ頃であったろうか。墨子の名は、『論語』の中に全く見えない。墨子が創設した学団の本拠地は、孔子の学団と同じく魯の国内にあり、また墨子は極めて多くの門弟を集めているから、もし墨子が孔子より前か、あるいは同時代の人物だったとすれば、孔子やその門人たちは、必ずや墨子の名を口にしたであろう。したがって、墨子は孔子より後の人物であったとしなければならない。

また『論語』の場合とは対照的に、孟子は口を極めて墨子を非難し、墨家思想の大流行を憂えている。これによって墨子が、孟子の活躍した戦国中期（前四世紀中頃）を、かなり遡る人物であったことが判明する。

こうして、墨子が生きた時代の、およその上限と下限とを確定できるのであるが、さらにこの範囲内で、もっと具体的な時期は割り出せないであろうか。

『墨子』貴義篇には、墨子が楚の献恵王（在位＝前四八八〜前四三二年）に会見を申し込んだが老齢を理由に断られたことが記され、清朝の学者である孫詒譲《そんいじょう》は、これを前四三九年のことと推定している。

また魯問篇には、「子墨子、斉《せい》の大王に見《まみ》えて曰く」と、墨子が斉の太公田和《たいこうでんか》と会見した記事が見える。太公田和が斉の君位を簒奪《さんだつ》して、正式に諸侯と認められたのは、前三八六年のことで、その死は前三八五年である。故にこの一件は、前三八六年か前三八五年のこととなる。

さらに魯問篇には、魯陽の文君が鄭《てい》を攻撃しようとし、墨子がその中止を要請したとき、魯陽の文君が、「鄭人は三世其の父を殺せり。天は焉《これ》に誅を加え、三年をして全《まった》からざらしむ」と反論したと記す。これは鄭の三代の君主、哀公・幽公・繻《しゅ》公が弑殺されたことを指すが、繻公が刺殺されたのは前三九六年である。魯陽の文君は、その死後三年にわたって鄭は凶作に見舞われたと述べるから、墨子が鄭の攻撃中止を要請したのは、前三九四年か前三九三年のことである。

以上の年代を組み合わせると、墨子が活動した時期は、前四三九年を少しさかのぼる頃から、前三八五年を少し下る頃までと推定するのが妥当であろう。

生国と身分階層

つぎに墨子の生国や身分階層など、墨子の出自に関する事柄を考えてみよう。墨子の生国を示す確証は、今のところ見当たらない。ただし、「子墨子、魯より斉に即《つ》く」(『墨子』貴義篇)とか、「以て子墨子を魯より迎えんとす」(『墨子』魯問篇)といった記述から、墨子学団の根拠地が、魯の国内に存在したことは確実である。

この点と、「魯の恵公、宰譲《さいじょう》をして郊廟《こうびょう》の礼を天子に請わしむ。桓王は史角《しかく》をして往かしむ。恵公は之を止《とど》む。其の後は魯に在り。墨子は焉《これ》に学ぶ」(『呂氏春秋』当染《とうせん》篇)と、周王室から魯に礼を伝えにきた史角が、そのまま魯に住みつき、その史角の子孫から墨子が学問を修得したとの伝承などを考え合わせれば、墨子が魯人であったことは、ほぼ間違いのないところである。

それでは墨子は、もともとどのような身分の人物だったのであろうか。魯問篇には、墨子が「冬は陶し、夏は耕し、自ら舜に比す」呉慮《ごりょ》の噂を聞いて、彼を訪ねたことが記される。

面会した呉慮は、不言実行を信条とし、黙々と義の実践に励む自己の姿勢を誇り、言説に頼って理想を実現しようとする墨子の思想活動を批判する。これに対して墨子は、かつては自分にも、自ら耕し、自ら織り、自ら武器を取って、人々に食料や衣服を供給し、侵略戦争を阻止して、天下の危急を救済しようとした時期があったと述べる。その上で墨子は、だが自ら耕しても収穫は「一農」に達せず、自ら織っても生産量は「一婦」に及ばず、自ら武器を取っても、「一夫」の力では大軍を阻止できなかったため、天下の救済といった遠大な目標の前には、個人的努力がいかに無力であるかを思い知らされ、「先王の道」「聖人の言」を学んで、思想により天下を教化する方針に転じたのだと言う。

ここで墨子が引き合いに出す「一農」「一婦」「一夫」などの身分は、もともと墨子が所属していた階層とは異なっている。なぜなら墨子は、自分がいかに必死に励んでみても、所詮彼ら以上の成果は上がらなかったと語るからである。そこで墨子は、呉慮と似たり寄ったりの身分、すなわち農耕や織布とは全く無縁な統治階層でもなく、さりとて生まれつきの農民でもない、農村社会に身を置く下級武士であったと推定できる。呉慮の場合も、「冬は陶し、夏は耕す」生活ではあっても、「自ら舜に比す」という以上、ある程度の学問を身につけた士であって、根っからの農民でないことは明らかである。

墨子は自己の無力を悟った後、「先王の道」「聖人の言」への探求を深めたのであるが、やはりこの点も、彼が無学文盲の農夫とは異なる、知識階層の出であったことを物語る。そもそも墨子が相当な知識人であったことは、史角の子孫から学問を受けたとの伝承や、「今、夫子《ふうし》の書を載せるや甚《はなは》だ多し」（『墨子』貴義篇）と、日頃実践を強調するにもかかわらず、墨子の蔵書が膨大なのを弦唐子《げんとうし》が怪しんだとの記述からも、裏付けられよう。したがって墨子が、一般庶民よりは上の階層、すなわち士の身分の出であったことは、確実といえる。

これまで墨子の出身階層については、隷属的地位に置かれていた工人集団を率いる工匠であるとか、入れ墨の刑罰を受けた刑徒・賤人であるとか、あるいは仁侠《にんきょう》的私党の首領であるとか、さまざまな説が提起されてきている。だがこれらの諸説は、そのいずれもが、『墨子』をはじめとして、他のいかなる資料中にも、一片の根拠すら見出せない、全くの憶測にすぎない。

二　学団と鉅子

学団の組織と運営

墨子は自己の理念を実現すべく、魯に学団を創設し、ここに墨家が誕生する。墨子は、多数の門人を教育して一人前の墨者に仕立て上げ、諸国を遊説させたり、官僚として諸国に送り込んだりする手段で、自己の思想を世界中に実現しようとしたのである。

墨子の学団は、孔子の学団などに比べると、かなり組織化されていたようである。耕柱篇

楚の公輸盤と守城演習する墨子

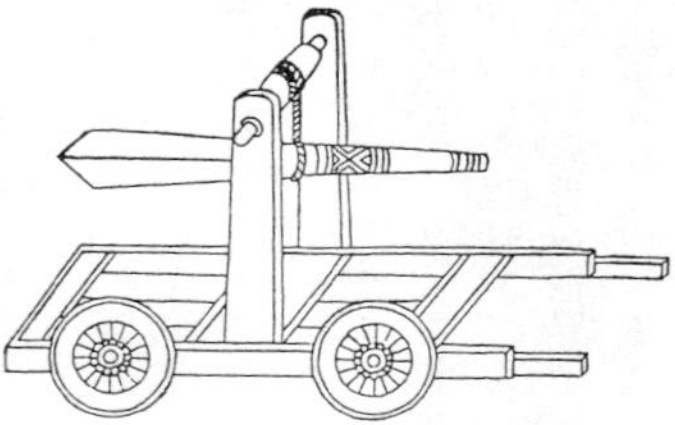

攻城兵器「衝車」（『五経図彙』）

攻城兵器「雲梯」（同）

には、治徒娯《ちとご》と県子碩《けんしせき》二人の門人が、「義を為すに孰《いず》れか大務と為すや」と、墨子に質問したことが見える。これに対して墨子は、牆《かきね》の造築における分業を比喩に引きながら、「能く談弁する者は談弁し、能く書を説く者は書を説き、能く事に従う者は事に従う。然る後に義の事成れるなり」と答えている。これによれば墨子の学団内部は、諸国を遊説して墨家思想を広める布教班、学団内で典籍・教本の整備や門人の教育を担当する講書班、食糧生産や雑役、守城兵器の製作や防御戦闘に携わる勤労班の三グループに、大きく組織されていた様子がうかがえる。このほか学団から派遣されて諸国に仕官し、官僚としての立場から、墨家思想の普及に尽力する門人たちも多数存在する。

また墨子の学団では、布教班の活動を支援するため、諸国に仕官した門人たちに支部の役割を務めさせていた。布教班が諸国を旅行する際、各国に派遣されて官僚となっている者は、宿泊や食事の世話をする決まりになっていたのである。こうした全国組織の支援を受けつつ、墨者は遠路はるばる布教活動を行ったわけである。

また各国に仕官した墨者は、それぞれの俸禄《ほうろく》の中から、学団に送金していた。節倹を貴ぶ墨子の学団では、食料・衣服の大半は自給自足の体制が取られたであろうが、それにしても、多数の門人を養ったり、守城兵器を製作したりするには、多額の費用が要る。

説話類では、魯の君主がしばしば墨子に相談を持ちかけており、自国内にいた墨子学団に対し、魯の君主は顧問料のような形で、かなりの資金援助をしたはずである。また孔子学団のように明白な記録はないが、門人たちは、なにがしか入門料ないし授業料に相当するものを持参したであろう。さらに墨子に城邑《じょうゆう》の防衛を依頼した君主たちも、しかるべき献金を行ったと思われる。これらと、各国に駐在する門人たちからの送金とを主な財源として、墨子は学団を運営していたのであろう。

ところが、せっかくの墨子の計画も、なかなか狙い通りには運ばなかった。というのは、集まってきた弟子たちの入門動機は、ほとんどの場合、墨子のもとで学問を身につけ、高級官僚として仕官したいとする一点にあって、墨子の思想自体に共鳴したからではなかったためである。つまり、理想実現のために学団を創設した墨子の思惑と、利益目当てに入門してきた弟子たちの思惑は、はじめから大きく食い違っていたのである。こうした連中が相手であるから、墨子の苦心も並大抵ではなく、説話類には門人の教化にてこずる墨子の苦境が、頻繁に登場する。

そこで墨子は、門人の質的強化といった難問に直面することとなった。その解決策として墨子が用いたのは、弟子たちに鬼神信仰を吹きこむことであった。墨子は、鬼神は明知であって、人間のあらゆる行動を監視しており、善行には福をもたらし、悪行には禍いを下して、人間の倫理的行動を監督すると、弟子たちに説いた。つまり墨子は、鬼神の権威を借りた外部からの規制を、教化の有力な手段に据えたのである。そもそも弟子たちの入門動機が、我が身の利益を追求するところにあったから、こうした利益誘導は、最も即効性を発揮するやり方であったろう。

だがこうした教化方法は、たしかに手っ取り早い半面、弟子たちを心の内面から義に向かわせる側面では、大きな限界をも抱えている。所詮は鬼神による監視と利益誘導との組み合わせであるから、願い通りの結果が出なかった場合、弟子たちは鬼神の威力や墨子の教説に対して、疑惑・不信の念を抱くからである。

鉅子の称号

先秦の諸資料からは、墨家集団の統率者が、団員から鉅子《きょし》と尊称されていたことがわかる。鉅とは、元来は金尺《かねじゃく》を指す語であるが、墨家はすべての基準になるものとの意味に転用して、統率者をそのように呼んだのであろう。これは、規矩《きく》・縄墨《じょうぼく》・権衡《けんこう》などが、客観性や公正さの象徴として使用されるのと、類似の現象である。

墨子自身が、はたして鉅子と尊称されていたかどうかについては、確証がない。ただ『墨子』の中では、墨子の言行録である説話類を含めて、墨子はすべて子墨子と表記されていて、これは鉅子墨子の略称と考えられる。そこで、すでに墨子の時代から、鉅子なる尊称が存在し、墨子が初代の鉅子であったと見なしてもよいであろう。

さて戦国期のさまざまな資料は、墨家集団内部で、鉅子が絶対的な権威を保持していた様子を伝えている。ところがこれとは対照的に、『墨子』説話類に描かれる墨子の姿には、絶対的統率者の風貌は、ほとんど見出すことができない。説話類に登場する弟子の大半は、全く勉学意欲に欠けていて、墨子の説諭にもなかなか腰を上げようとせず、さらには数々の背信行為を繰り返して、一向に恥じ入る様子もなく、はては墨子に面と向かって、あからさまな不信・疑惑の言さえ吐く始末である。

こうした弟子の言動は、墨子の時代には、まだ鉅子の絶対的権威が確立していなかったことを、雄弁に物語っている。大半が功利的な動機から入門してきた弟子たちに対して、墨子が鉅子としての絶対的権威によって教化できなかったところにも、墨子が鬼神信仰なる便宜

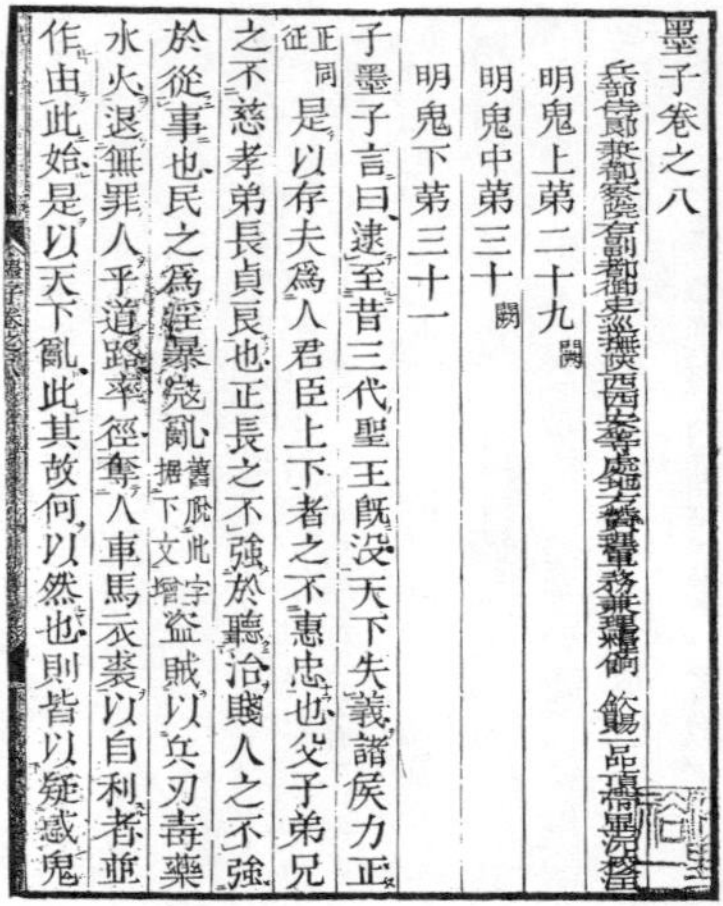
墨子卷之八
明鬼上第二十九 闕
明鬼中第三十 闕
明鬼下第三十一
子墨子言曰逮至昔三代聖王既没天下失義諸侯力正
正同征 是以存夫爲人君臣上下者之不惠忠也父子弟兄
之不慈孝弟長貞良也正長之不強於聽治賤人之不強
於從事也民之爲淫暴寇亂舊脫此字據下文增盜賊以兵刃毒藥
水火退無罪人乎道路率徑奪人車馬衣裘以自利者並
作由此始是以天下亂此其故何以然也則皆以疑惑鬼

『墨子』

的手段に頼らざるをえなかった、原因の一つが存在したのである。

三　十論の形成

相手の国情に応じて説き分ける

墨子の思想は十の主張からなり、これを十論と呼んでいる。その内訳は、能力主義を唱える尚賢《しょうけん》、各段階の統治者に従えとする尚同《しょうどう》、自己と他者を等しく愛せと説く兼愛《けんあい》、侵略戦争を否定する非攻《ひこう》、節約を訴える節用《せつよう》・節葬《せっそう》、天帝や鬼神に従えとする天志《てんし》・明鬼《めいき》、音楽への耽溺《たんでき》を戒める非楽《ひがく》、宿命を否定する非命《ひめい》、となっている。

そこで問題になるのは、これら十論がすでに墨子の時代にすべて成立していたのか、それとも、相当長期にわたってしだいに形成されていったのか、との点である。後者の立場を取る代表的な例としては、兼愛・非攻の系統を弱者支持の理論、尚同・天志の系統を大帝国を目指す天子専制理論と捉えた上で、墨子の時代の兼愛・非攻の系統が衰えるにつれて、戦国後期に尚同・天志の系統が興《おこ》ってきたとする、渡辺卓氏の見解があり、今日ではほとんど定説の観がある。しかし『墨子』の説話類を仔細に検討してみると、どうもそのようには考え難い。その最も直接的な証拠は、魯問篇に見える墨子と魏越《ぎえつ》の問答である。

弟子の魏越は遊説に出発するに当たり、各国の君主に面会したならば、まず何を説けばよいでしょうかと質問する。すると墨子は、その国家が混乱していれば尚賢・尚同を、国家が経済的に困窮していれば節用・節葬を、国家が音楽に耽《ふけ》って怠惰であれば非楽・非命を、国家がでたらめで無礼であれば尊天・事鬼を、国家が侵略戦争に熱心であれば兼愛・非攻を説けと教える。

墨子は魏越に対して、遊説先の各国の状態に応じ、説得すべき主張を重点的に選択するよう指示したわけだが、その中には十論すべてが出そろっている。そこで十論の主張自体は、早くも墨子の時代に、すでにその全部が成立していたと見ることができる。さらに留意すべきは、十論の内部がおのおの二つずつの計五種類に区分されている点である。これによって墨子自身が、（1）尚賢・尚同、（2）節用・節葬、（3）非楽・非命、（4）天志・明鬼、（5）兼愛・非攻、の五グループを、それぞれ類似した目標と性格を持つ、同種の主張と考えていたことがわかる。この点は、十論の思想的性格を考える場合、たとえば尚賢論と尚同論とが相互に切り離せない密接な関連を保つとの、重要な手がかりを提供する。

諸国安定を目指す思想体系

また、相手の国情に応じて十論を適宜使い分けよ、との墨子の発言は、十論の最終目的が、いずれも諸国家の安定的存続に置かれていたことを示すとともに、十論が鬼神信仰を含めて、はじめから目的実現のための手段として用意された点を明らかにしている。そしてこれら十論の主張は、説話類のあちこちに散見する。登場回数が比較的少ないのは、尚賢と尚同で、前者が三例、後者が二例である。ただしこれは、十論の他の主張が、儒家や好戦的君主との深刻な論争点となるのに反し、尚賢と尚同とが、当時にあっては、最も周囲の抵抗の少ない主張内容だったことの反映であって、墨子の時代に尚賢論や尚同論が存在しなかったわけではない。墨子の思想活動は五十年以上の長期にわたっており、十論すべてを形成するだけの時間的余裕は、墨子一代の間にも十分あったと考えるべきである。

墨子の思想は、大国による侵略と併合によって周の封建体制が破壊される事態を阻止して、天下の諸国家が相互に領土を保全し合いながら、安寧に共存する体制を再建しようとするところに、その目的があった。そこで十論のうち、兼愛と非攻は、他国への侵攻や領土の併合は、人類への犯罪だと訴えて、加害者たる大国にその中止を求める意図から形成されている。さらに天志と明鬼は、侵略と併合は天帝と鬼神も禁止しているとして、前記の主張を補強する意図から形成された。

強国による侵略と併合を阻止するためには、被害者となる小国の側にも、国内を安定させてそれを断念させる努力が求められる。国内の社会秩序維持を説く尚賢と尚同、冗費《じょうひ》の節約による国家財政の強化を説く節用と節葬、勤勉な労働による富の増産を説く非楽と非命などは、そのために用意されている。このように十論全体は、諸国家を保全して封建体制を維持せんとする目的を共有する、一個の思想体系を形作っているのである。

四　その後の墨家集団

墨者の質的向上

墨子によって創設された学団は、墨子の死後、どのような展開を見せたであろうか。『呂《りょ》氏春秋《ししゅんじゅう》』上徳篇には、戦国時代の墨者の姿を伝える記録がある。

前三八一年、楚の悼《とう》王に宰相として仕え、国内の封建貴族を弾圧して、中央集権強化策を推進していた呉起《ごき》は、悼王の死を契機に一斉蜂起した貴族たちの報復を受け、王の遺骸の前で殺害される。だが次いで即位した粛《しゅく》王は、呉起暗殺に加担した貴族全員を処罰する方針を取り、その一員であった陽城君《ようじょう》は出奔する。かねて陽城君と親交を結び、彼の采邑《さいゆう》防衛を委託されていた鉅子孟勝《もうしょう》は、墨家集団を率いて領地没収に侵攻してきた楚王の直轄軍と戦うが、ついに城を守り切れずに敗退する。

このとき鉅子孟勝は、陽城君に対する契約不履行の責任を負い、集団自決せんことを提案する。ところが弟子の徐弱《じょじゃく》は、それでは墨者が地上から絶滅し、担い手を失って、墨家の理念もまた消滅してしまうと諫言《かんげん》する。これに対して孟勝は、もしここで死を逃れるならば、たとえ墨者が世に生き残ったとしても、墨家の信用は失墜して、以後墨家の活動は全面的に封じられるであろうから、死を以て贖《あがな》う行為こそが、墨家の信用を守り、墨家の事業を後世に存続させる唯一の方法であると説得し、さらに宋の田襄子《でんじょうし》によって、今後も墨者の活動が維持されるであろうとの確信を伝える。すると徐弱は自説を撤回し、率先して自刎《じふん》する。宋の田襄子に鉅子の譲位を告げる使者として、二人の墨者が旅立ち、残った墨者百八十人は、孟勝とともに全員自決して果てる。宋にたどり着いた二人の使者は、田襄子に鉅子の譲位を伝えると、田襄子の制止を振り切って楚に帰還し、皆の後を追って自決する。以上が、上徳篇が伝える事件の概略である。

ここに登場する孟勝は、墨翟《ぼくてき》・禽滑釐《きんかつり》に次ぐ三代目の鉅子と推定される。注目すべきは、墨家の団員百八十二人が、鉅子の指示に従い、粛然と死を選択している点である。ここに描かれる墨者の姿には、防御戦闘に携わった全員が敗北の責めを負って自決することにより、墨家の信用と理念を守り抜こうとする、烈《はげ》しい使命感が溢《あふ》れている。孟勝の説得の前に異議を取り下げ、率先して範を示した徐弱にせよ、使者の役目を終えた後、事件に関与した者がわずかでも生き残っては、墨家の信用を失墜させ、仲間の死を無駄にすると考え、わざわざ陽城に戻って自決した二人の墨者にせよ、そこに見られるのは、あくまで墨家の理念に殉ぜんとする純粋な忠誠心である。

次に、『荘子』天下篇が記す戦国末の墨者の生態を見てみよう。天下篇は、墨子の理念に心酔した「後世の墨者」が、ぼろをまとい木靴をはいて、脚の毛がすり切れるほどの重労働に身を挺《てい》した上、その粗末な身なりと献身的労働とを、墨者である証《あかし》として、自ら誇ったと伝える。こうした墨者の生活と意識は、ひたすら墨家思想の実践に打ち込む、純粋な思想の徒そのものといえる。

こうした姿を『墨子』説話類の内容と対比するとき、両者の間のあまりにも甚だしい隔たりに、我々は驚かされる。孟勝指揮下の墨者百八十二人が集団自決した事件からは、墨子の当時の怠惰で不誠実な、禄位のみを重視する利己的な門弟の面影は、微塵《みじん》も見出すことはできない。これは、開祖墨翟の時代から三代目の鉅子孟勝に至るまでの間に、はたしてこれが同一の集団であろうかと疑わせるほどに、墨家が思想集団としての純粋度を飛躍的に向上させたことを意味する。

当初に比べ、墨者の意識が格段に先鋭化した点は、『荘子』天下篇が記す、質素な生活に甘んじつつ、ひたむきに刻苦勉励する、「後世の墨者」の求道者的風貌によっても、十分に確認することができる。今や墨者は、彼らの過激・狂疾なまでの実践活動と、超俗的な自己犠牲の精神とによって、その特色が記録されるほどに、大きな質的変化を遂げたのである。

鉅子の権威確立

戦国期の墨家集団では、墨者の思想的尖鋭化とともに、鉅子の権威もまた、墨子の当時よりはるかに強化されている。『呂氏春秋』去私篇によれば、恵王（在位＝前三三七～前三一一年）の治世、秦に滞在していた墨家の鉅子腹䵍《ふくとん》は、わが子の殺人罪を赦そうとする恵王の申し出を断り、秦国の法律に代わり、「人を殺す者は死し、人を傷つくる者は刑せらる」との「墨者の法」によって、息子を処刑する。この「墨者の法」は、「人を殺傷するを禁ぜん」とする「天下の大義」に基づいて制定されたもので、これにより当時の墨家が、墨家思想を実践するための戒律を定め、それを集団内で厳格に施行していた様子が分かる。

と同時にこの資料は、鉅子が「墨者の法」によって集団内を強力に統率し、わが子すら処刑するほどに、団員に対する生殺与奪の権を掌握するに至った状況をも伝えている。

このほか、『荘子』天下篇が、「巨子《きょし》を以て聖人と為し、皆之が尸《かたしろ》と為らんことを願い、其の後世為《た》らんことを冀《こいねが》う」と記すことも、墨家集団内での鉅子の権威が、すでに絶対的な地位を確立していた状況を裏付けている。かつて、門人たちから面と向かって不信・疑惑の言を投げつけられ、団員の統制に苦慮していた墨子当時とは、まさに雲泥の差と言える。

質的変化の要因

墨家集団の著しい質的変化は、いったい何によってもたらされたのであろうか。この変化は、三代目の鉅子、孟勝の時代にはすでに遂げられていた。したがってそれは、主に二代目の鉅子、禽滑釐の時代に行われたことになる。彼は墨子が特に信頼する高弟で、墨子の死後、二代目の鉅子を継いだ人物である。しかも彼は、『墨子』の兵技巧《へいぎこう》諸篇で、墨子から守城術を伝授されており、墨子に代わって防御部隊を指揮していることから、とりわけ防御部隊の育成による非攻活動の実践に情熱を注いだ人物と目される。

このように禽滑釐が、防御戦闘の中心人物としての立場から鉅子の位を継いだことは、必然的に彼の団員に対する統率力を強化する方向に機能したであろう。戦時に際しては、平時よりも鉅子の権威が一段と強化され、団員はその命令を軍律として受けとめ、それに絶対的に服従することが要求され、しかもその権威は、逆に平時の学団内にも波及するからである。

また『墨子』備梯《びてい》篇は、重労働に手足もねじれ、日焼けで顔も真っ黒といった有様で、禽滑釐が誠実に墨子に仕えたと記す。これはまさしく、『荘子』天下篇が描く戦国期の墨者の先駆けであり、禽滑釐の鉅子就任後は、こうした彼の謹厳な気風が、学団全体に強く浸透していったと思われる。

以上の要因が、墨子の時代からの教化の蓄積や組織の整備と相俟《あいま》って、ようやく禽滑釐の時代に至り、団員の思想的純化と鉅子の権威確立とをもたらしたと考えられる。弟子の入門動機は、依然として仕官による禄位獲得にあったろうが、いったん入門した後は、急速に墨者としての自覚を植えつけるだけの教化体制が、この時期に構築されたわけである。これによって墨家は、墨子当時の功利的風潮を払拭して、真に思想集団と呼ぶにふさわしい成長を遂げることが可能となったのである。

団員の質的向上や鉅子の権威確立とともに、墨家の勢力は日増しに増大していった。説話類四篇から、墨子の時代の墨家の活動地域を見ると、魯を根拠地として、斉・衛・宋・楚・越などの領域にわたっている。そしてこれらの中には、北方の燕と西方の三晋や秦が全く含まれていない。ところが戦国末になると、多数の墨者が秦で活動したり、北方の中山《ちゅうざん》で反戦活動をしたりと、墨家の教線は中国全体へと拡大し、まさしく「楊朱・墨翟の言は、天下に盈《み》つ」(『孟子』滕文公下篇《とうぶんこう》)、「孔・墨の弟子徒属は、天下に充満す」(『呂氏春秋』有度篇)、「世の顕学《けんがく》は、儒・墨なり」(『韓非子《かんびし》』顕学篇)との盛況を呈したのである。

分裂と消滅

儒家と天下の思想界を二分するほどの勢力を築き上げた墨家も、組織の膨張につれて分裂しはじめる。『荘子』天下篇は、墨家が大きく相里氏《そうり》と鄧陵氏《とうりょう》の二つのグループに分裂し、互いに相手を「別墨」と非難して自派の正統性を主張するが、今に至るまで決着がつかないと記す。さらに『韓非子』顕学篇には、「墨子の死せしより、相里氏の墨有り、相夫氏《そうふ》の墨有り、鄧陵氏の墨有り」と、新たに相夫氏の一派が加わって、「墨は離れて三と為る」に至った状況が記録される。

墨家分裂の内情を伝える資料は、今のところ存在せず、その原因は不明である。しいてその原因を想像すれば、墨家の理念を実現する上での路線の対立や、集団内部での鉅子の座をめぐる権力争いに、秦・楚・斉などの強国の抗争関係が、複雑に絡み合った結果と思われる。ただし、こうした分裂にもかかわらず、墨家全体としてみれば、戦国の最末期まで、墨家は儒家と並んで「世の顕学」たる揺るぎない地位を保ち、巨大な勢力を誇り続けたのである。だが、これほどに顕栄を極めた墨家は、秦帝国の成立以後、歴史上から忽然と姿を消してしまう。このあまりにも急激な墨家消滅の原因は、いったい何であったろうか。

この間の経緯を資料は黙して語らないが、およその事情を推測することは可能である。前二二一年の天下統一後、秦帝国は封建制を廃止して、新たに天下全体を皇帝一人の直轄支配地とする、郡県制を採用した。ところがこの方針に対しては、秦の朝廷内にさえ、封建制の復活を主張する反対勢力が存在した。そこで郡県制の推進者だった丞相《じょうしょう》・李斯《りし》と始皇帝は、そうした動きを根絶すべく、民間人の書籍所蔵を禁圧する「挟書《きょうしょ》の律」を定め、焚書《ふんしょ》を断行する。

このとき弾圧対象とされた中には、当然墨家集団が含まれていたと考えられる。なぜなら墨家思想は、封建体制の下、諸国家が平和に共存する世界像を理想の世界像としており、郡県制を推進する法術思想とは対立する性格を持っていたからである。

とすれば、「挟書の律」による思想弾圧が開始された後、墨家には、一切の思想活動を停止して保身を図るか、さもなければ死罪・族滅・強制労働を覚悟の上で、なお自己の信念を貫き通すか、この二者以外には選択の余地がなかったことになる。狂疾・過激を謳《うた》われた戦国期の墨者の体質からして、恐らく墨者は思想の廃棄を潔しとせず、敢然と後者の途を選び取ったに違いない。秦帝国成立後、墨家集団が突如その姿を没するに至った原因は、ここにあったであろう。

しかも、鉅子の位を禅譲《ぜんじよう》しつつ、守禦《しゆぎよ》部隊を含む強固な集団を維持し、全国的活動を継続してきた墨家は、かえってその集団性・組織性が災《わざわい》して一網打尽となり、弾圧の被害が最も大きかったと思われる。こうしていったん組織が解体された後は、思想活動のためには、武装を伴い、「墨者の法」によって自らを律する治外法権的集団を必要とし、また常に全世界的視野にのみ立ち、個人的信条としてはほとんど意味を成さない墨家思想特有の強烈な社会性の故に、漢代以降、諸学派が形を変えて復興する中にあって、ひとり墨家だけは、再生することなく絶学への道を辿《たど》ることとなった。

数多い漢代の諸資料も、鉅子に率いられた墨家集団の存在はもとより、たった一人の墨者の存在にすら、絶えて言及することがない。たしかに前漢の武帝の時代に書かれた『淮南《えなん》子《じ》』などには、墨家思想と見られる要素が含まれてはいる。だがそれは、もはや文献の上からのみ引き継がれた、単なる知識としての墨家思想にすぎない。秦帝国が滅んで漢帝国が成立したとき、「世の顕学」「天下に充満す」とまで称せられた墨家と墨者は、すでに地上から消え失せていたのである。その間、わずかに二十年足らずであった。

第七章　相対判断の破壊者・恵施

一　「歴物」の論理

『荘子』恵施篇

恵施《けいし》は宋の国の出身で、前四世紀の後半に活躍した思想家である。彼は魏の恵王に登用されて、永く宰相を務めた政治家として、また公孫龍《こうそんりゅう》と並ぶ論理学派（名家《めいか》）の雄として、さらには荘周《そうしゅう》（荘子《そうじ》）の友人・論敵としても著名である。『漢書《かんじょ》』芸文志《げいもんし》には、恵施の著作として「恵子」一篇が著録されるが、早くに失われて現存しない。そのため、恵施の思想を探ることは極めて困難なのだが、全く手がかりがないわけではない。

現行の三十三篇本『荘子』の最後には、天下篇が位置している。この天下篇の後半部分は、司馬彪《しばひょう》が編集した五十二篇本の『荘子』では、恵施篇として独立していたと伝えられる。そこで天下篇の後半部分、すなわち旧恵施篇の内容によって、われわれは辛うじて恵施の思想を知ることができるのである。

十箇の命題

はじめに天下篇は、「恵施は多方にして、其の書は五車。其の道は舛駁《せんぱく》にして、其の言や中《あた》らず」と、恵施を紹介する。恵施の学問は多方面にわたり、そのため蔵書は車で五台分もあったのだが、彼の思索は雑駁でとりとめがなく、弁舌も同様に的はずれだったというのである。

続いて天下篇は、「歴物《れきぶつ》の意に曰く」として、恵施が唱えた十箇の命題を列挙する。次にそれを紹介してみよう。

守節云與鄧行同時今道藏本上中下三卷與
唐志同朱一新曰高誘注呂覽謂龍爲魏人
成公生五篇與黃公等同時師古曰姓成公劉向云與李
斯子由同時由爲三川守成公生游談不仕
惠子一篇名施與莊子並時〔補注〕錢大昭曰高誘注呂覽云惠子
惠施宋人仕魏爲惠王相也孟子所見梁惠王也葉德
輝曰莊子至樂篇云惠施多方其書五車其道舛駁其言也不中
據此則惠亦說士耳其書隋唐志不著錄引見莊子雜篇天下韓
非子說林呂覽不屈篇應言篇開春
篇愛類篇魏策說苑善說篇雜言篇
黃公四篇名疵爲秦博士作歌詩在秦時
歌詩中師古曰疵音才斯反
毛公九篇趙人與公孫龍等並游平原君趙勝家師古曰劉向別
錄云論堅白同異以爲可以治天下此蓋史記所云藏
於博
徒者
右名七家三十六篇
名家者流蓋出於禮官古者名位不同禮亦異數孔子曰必也正
名乎名不正則言不順言不順則事不成師古曰論語載孔子之
言也言欲爲政必先正
其
名此其所長也及譥者爲之晉灼曰譥訐也師
古曰譥音工釣反則苟鉤鈲析亂而

『漢書』芸文志

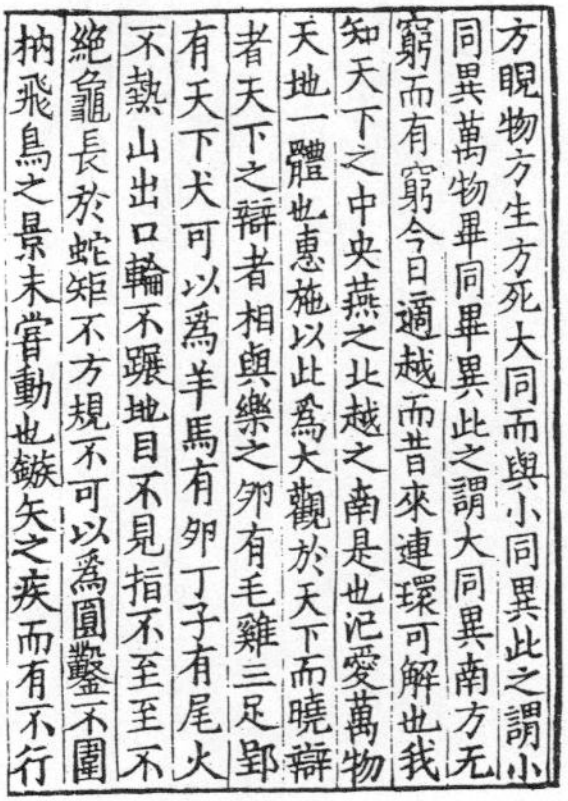
方睨物方生方死大同而與小同異此之謂小
同異萬物畢同畢異此之謂大同異南方无
窮而有窮今日適越而昔來連環可解也我
知天下之中央燕之北越之南是也氾愛萬物
天地一體也惠施以此爲大觀於天下而曉辯
者天下之辯者相與樂之卵有毛雞三足郢
有天下犬可以爲羊馬有卵丁子有尾火
不熱山出口輪不蹍地目不見指不至至不
絶龜長於蛇矩不方規不可以爲圓鑿不圍
枘飛鳥之景未嘗動也鏃矢之疾而有不行

『荘子』天下篇

(一) 至大《しだい》は外無し。之を大一《たいいつ》と謂う。至小《ししょう》は内無し。之を小一《しょういつ》と謂う。
極限大には外側がない。これを大一という。極限小には内側がない。これを小一という。

(二) 無厚《むこう》は積むべからず。其の大なること千里。
厚みのないものは、積み重ねることができない。その厚みは千里もある。

(三) 天は地と与《とも》に卑《ひく》く、山は沢と与に平らかなり。
天は地と同じように低く、山は沢と同じように平らである。

(四) 日は方《まさ》に中《ちゅう》し方《まさ》に睨《かたむ》き、物は方に生じ方に死す。
太陽は南中すると同時に傾いており、物は生まれると同時に死んでいる。

(五) 大同にして小同と異なる。此《これ》を之《こ》れ小同異と謂う。万物の畢《ことごと》く同じく畢く異なる。
此を之れ大同異と謂う。
あるときは同類となり、あるときは異類となる。これを小同異という。万物すべてが同類になると同時に異類になる。これを大同異という。

（六）南方は無窮《むきゅう》にして有窮《ゆうきゅう》。
南方は果てがないと同時に果てがある。

（七）今日越《えつ》に適《ゆ》きて昔《きのう》来《いた》る。
今日越に出発して昨日到着した。

（八）連環《れんかん》解くべし。
つながった環は解くことができる。

（九）我れ天下の中央を知る。燕《えん》の北、越《えつ》の南、是れなり。
私は世界の真ん中がどこか知っている。そこは燕の北であり、越の南である。

（十）氾《ひろ》く万物を愛す。天地は一体なり。
あまねく万物を愛す。世界は一体である。

この十箇の命題の解釈は極めて困難である。その最大の原因は、結論だけが唐突に記されていて、そこに至る過程が一切記されていない点にある。一見詭弁《きべん》に近い命題が断片的に羅列されるだけで、その意味を決定するための根拠が示されていないのであるから、解釈が難しいのは当然である。しかしこうした制約の下でも、手がかりを見出すことはできる。「歴物十事」全体を見渡すと、(一)(五)(十)の三箇条が、他とは性格が異なることに気づく。残りの七箇条が反常識的な詭弁の印象を強く与えるのに対して、この三箇条にはそうした要素が見られないからである。特に(一)(五)は概念の定義を行う点で、他とは著しく異なっている。しかもこの両者は、概念の定義を行いながら、同時にある特定の思考様式をも示していると思われる。

とすれば、「歴物十事」を解釈する基準を外部に求めるよりは、ここに示される思考様式に沿って解釈する方が、恵施の意図に近づけるであろう。そこで「歴物十事」を一個の思想体系と見る前提に立った上で、以下に統一的な解釈を試みることにしたい。

「大同異」が基本

それではまず(一)から検討してみよう。ここでは、至大と至小、すなわち極限大と極限小の概念が提出されており、恵施はその各々にさらに大一・小一と命名している。一とは無二、すなわち絶対の意味であろう。「歴物」がこうした「外無き」極限大と「内無き」極限小の概念提起で開始されることは、極めて重視すべきことであるが、それではなぜ、こうした概念提起が必要とされたのであろうか。（五）は、この両者が果たすべき役割と作用を示唆している。

（五）は、「小同異」と「大同異」の概念定義を行う。このうち「小同異」の側は、ある基準から分類すれば、同類としての共通性を見ることができるが、別の基準を立てれば、異類としての差異が認められるといった、通常の分類形式を指している。

これに対して「大同異」の側は、万物が同類になると同時に異類になるという、全く反常識的な判断形式であって、通常の思考様式では成立しえないものである。

それでは、この奇異な判断は、いかなる論理によって成立可能になるのであろうか。ここで（一）の「至大」と「至小」が、重要な意味を持ってくる。「至大」すなわち極限大を基準に判断を下せば、物相互間の一切の差異は解消されて、天下の万物は「畢く同じ」くなり、逆に「至小」すなわち極限小を基準に判断を下せば、物相互間のあらゆる共通性は否定されて、天下の万物は「畢く異なる」ことになるからである。

この「小同異」と「大同異」の間に、恵施は価値的優劣の差を設定していないと思われる。ただし「小同異」は通常の思考様式で成立できるが、「大同異」の方は、大一・小一のような特殊な概念を前提にしない限り、成立不可能である。

しかも「歴物」の命題は、いずれも反常識的な判断ばかりで、「小同異」に該当するものはない。したがって少なくとも「歴物」にあっては、「大同異」の側に重点が置かれていると考えなければならない。

このように「大同異」なる判断形式は、「至大」と「至小」の概念を前提にしてはじめて成立するものであって、この点で（一）と（五）は不可分の関係にある。そしてこれこそが、「歴物」全体を統括する理論的根拠になっていると予想される。そこで以下、「大同異」の論理を用いて、八箇の命題を解釈してみよう。

汎く万物を愛す

（二）に「無厚は積むべからず」とある「無厚」とは、空間的至小を指すであろう。「無厚」は、すでに計量の対象となる相対性をはずれた、絶対としての極限小であるから、本来その大きさは判定しようがなく、そこで千里とでも万里とでも、好きなように表示できる。

（三）では、天と地、山と沢の間に高低の差異を認める常識的判断に対して、恵施は「天は地と与に卑く、山は沢と与に平らかなり」と主張する。立論の根拠は、極限大の空間からすれば、天地・山沢の間の相対的差異は消滅するとする点にあろう。これは（五）の「万物畢《ひっ》同《どう》」なる基本論理の応用である。

（四）で恵施は、南中から日没、あるいは誕生から死滅までの間に時間の幅を認める既成の判断を否定する。これもやはり、時間的至大を分母に据えて時間的差異を抹消しようとする、「万物畢同」の一例である。

（六）では、南方は無窮でもあり、かつまた有窮でもあるとの判断が示される。なぜこの矛盾する命題が、同時に成立しうるのか。南方に空間的至小を収用する場合は、収用できる数には際限がなく、南方は無限の空間となる。逆に南方に空間的至大を収用することはできないから、この場合南方は有限の空間だと言える。

（七）は「今日越に適きて昔来る」と、僻遠の越に到達するには多くの日数を要するとの常識的判断を覆し、さらには出発日と到着日の順序すら逆転させて、時間を連続した時の継起とする理解をも否定するものである。これは、時間的至大を分母に据えることにより、時の相対的差異を抹消してこそ、はじめて可能になる論理である。

（八）は、連環は決して解けないとの既成の判断に対して、「連環解くべし」と反駁《はんばく》する。片方の環《わ》が持つわずかな隙間も、空間的至小を基準にすれば、無限大の空間であり、一方の環の太さも、空間的至大よりすれば「無厚」に等しい。とすれば、いかなる連環も自在に解けることになる。

（九）で恵施は、天下の中央は中国の北端である燕のさらに北方であり、かつまた中国の南端である越のさらに南方であると断定して、どこにあるにせよ、天下の中央は一ヵ所であるとの常識的判断に対抗する。これは、空間的至大を想定した場合、いかなる地点も、そこから四方に等しく無窮の距離を保つ点では、天下の中央と称することができ、したがって燕の北であるとも、越の南であるとも言いうるとの論理である。

最後の（十）は、「歴物」全体の結論としての意味を持つ。「外無き」至大は、既成の判断による差等を解消させ、「万物畢同」をもたらす。そのとき天地・万物は、際限のない判断の付加による差別と分断を免れて、まさしく「天地は一体」となる。そして一方の「内無き」至小は、「万物畢異」の論拠として、既成の差等が消滅した世界に、個物の独自性を保障する。

万物は、もはや既成の固定した判断や差別の下に抑圧されることなく、互いにかけがえのない独自性を保ちつつ、一体なる世界を構成する。恵施は、この何一つ切り捨てるわけにはいかない等価値の万物に対し、「汎く万物を愛す」と、はじめて自己の意志を表明して、「歴物」の論理と現実世界との接点を提示する。

二　世界再構築の思想

世界の白紙還元

それでは恵施は、こうした「歴物」の体系的思索によって、いったい何を目指したのであろうか。前に紹介した命題を類型ごとに大別すると、次の三種類になる。

その一は、両極端の結論をともに承認する（六・九）ことによって、その中間に含まれるあらゆる判断が、ことごとく肯定される可能性を示唆し、その裏返しとして、一切の判断が何らの絶対性をも保持しえない事態を導く場合である。

その二は、両極端の事象を同一視する（二・三・四）か、ないしは倒錯させる（七）ことにより、その中間に位置する事象すべてが、同一化あるいは倒錯されうる可能性を示して、逆に一切の分別が絶対性を保持できない状況を導く場合である。

その三は、一点に固定された結論を動揺させ（八）て、その他もろもろの絶対だと信じられてきた判断が、正反対の方向に覆《くつがえ》る可能性を提示する場合である。

いずれの場合にせよ、至大と至小の概念操作によって出現する世界は、万物が既成の判断様式に基づくあらゆる差等から解放されて、固定した判断を付加されない原存在のままに並存する世界である。

恵施は、万物に命名し、万物を分類し、相対判断によって万物を価値づけていく行為が、世界を分節化して、一定の秩序の下に支配する営みであることを、鋭く見抜いた。だからこそ彼は、「歴物」の思想によって、既存の秩序を徹底的に破壊しようとしたのである。

かくして世界は、彼によって一度白紙の状態に還元されることになった。この既成の差等の重圧が雲散霧消した世界においては、ありとあらゆる個物はにわかにその本来的生彩を回復し、永い沈滞を脱して独自に躍動しはじめる。恵施が自己の学説の優位を宣揚して、「天地は其れ壮《さかん》なるかな」（『荘子』天下篇）と誇ったのは、天地の壮大な営みに道を開く「歴物」の作用に対する、彼の自負の念の表明であろう。

しかしながら、万物を久しく閉塞状況に追い込んできた従来の秩序は崩壊すべきだとしても、それはこの世界が無政府状態のまま放置されてよいというのでは、もちろんない。恵施においても、やはり世界は一定の秩序の下に存続すべきものであった。

それでは、その新たな秩序とは、いかなる手段によって獲得できるのであろうか。世界の構造を再編するためには、まず「畢く異なる」はずの各個物の特性や、物相互間の関係が、既成の判断に囚われずに新たに究明され、天地・万物の本来あるべき姿が、あまさず再確定される必要がある。

そこで恵施は、対象世界に向かって、異常なまでの探究を開始するのである。天下篇の作者は、この外物に対する執拗な追究を、「恵施は多方（中略）其の道は舛駁」であって、南方の奇人である黄繚《こうりょう》が「天地の堕《お》ちず陥《おちい》らざる所以《ゆえん》、風雨雷霆《らいてい》の故《こ》」を質問すると、「辞せずして応《こた》え、慮《おもんぱか》らずして対《こた》え、偏《あまね》く万物の説を為して、説きて休《や》め」なかったと描写する。「偏く万物の説を為す」「徳に弱くして物に強し」「万物を散じて厭《あ》かず」とか、「万物を逐《お》うて反《かえ》らず」などと、繰り返し指摘されるように、既成の判断を超えて、万物に対し新たな判断を樹立しようとする恵施は、「衆と適《あ》わず」「人に反するを以て実と為し」つつ、独り対象世界の探究に邁進《まいしん》し続けたのである。

万物への探究

それではこうした探究は、どのような方法で実行されたのであろうか。「万物を散じて厭かず」の「散」は、『荘子』則陽篇に「異を合して以て同と為し、同を散じて以て異と為す」と見える「散」と同義であって、まさしく「歴物」中の「小同異」に該当する判断形式を指す。

とすれば、恵施の対象世界に対する積極的探究も、ある程度の現実観察を基礎に、同類と異類を分かつ分類基準（内包）を次々に立てては、万物を同類から異類へと際限なく分類していくという、一定した方法を自覚的に駆使して行われたと考えられる。

ところでこうした世界を再認識する事業は、そもそも「歴物」により世界を白紙の状態に引き戻した張本人である、恵施の個人的才能を待ってはじめて実現される。彼は新たな世界構造を企画する立案者であり、世界の再編にとって、恵施個人の才能は決定的な意義を持つのである。

すなわち、既成の差等の桎梏《しっこく》から解き放たれた万物は、恵施の卓越した才能と、あくことのない万物への探究が生み出す新構想によって、各々の特性・分限に応じて新たに安寧の居所を与えられ、そこに「汎愛万物、天地一体」なる世界が出現する手筈《てはず》になっていたという次第である。かくして彼は、自己の賢智・能弁・博識の限りを尽くして世界全体を究明し、世界に対する独自の解釈を駆使して、他者を啓蒙しようとする。彼は、「恵施の口談、自ら以て最も賢《まさ》れりと為し」て、「日に其の知を以て人と之れ弁ず」るのである。

天下篇の作者は恵施の賢智主義に対して、「天地の道より恵施の能を観れば、其れ猶お一《いち》蚊一虻《ぶんいちぼう》の労する者のごとし」「惜しいかな、恵施の才、駘蕩《たいとう》して得ず」と批判する。たとえ恵施の才能がどんなに優れていたとしても、それは一匹の蚊や虻《あぶ》が懸命に飛び回っているようなもので、個人的賢智で万物をことごとく究明し尽くし、世界全体を勝手に解釈し直せると考えるのは、はなはだしい思い上がりにすぎないというのである。

しかしながら、ただひたすらに「雄を存する」恵施にとっては、世界はあくまでも自己の理念を実現すべき対象であり、自己の才能を発揮すべき場であった。「天地は其れ壮なるかな」とは、天地が壮であることもさりながら、実は何よりも、己の才能を振るうべき晴の舞台に臨まんとする恵施自身にとって壮であったというべきであろう。

「歴物」が(一)(五)(十)の基本命題では、「至小」「万物畢異」「汜愛万物」と明瞭に個物の差異性を強調しながら、他の七箇の命題では、「万物畢同」の側に重点を置いていたことも、まず常識的判断の累積をご破算にした上で、「歴物」を踏み台に世界に跳躍せんとする、恵施の意図の表われであろう。

三　政治家としての恵施

張儀との対決

前三四三年、数年にわたって趙《ちょう》の都・邯鄲《かんたん》を攻囲中の魏軍は、馬陵《ばりょう》で斉《せい》の援軍と戦うが、敵の軍師・孫臏《そんぴん》の詭計《きけい》にはまって大敗を喫する。太子の申《しん》を殺され、十万の軍を失った魏の恵王は怒りに燃え、斉に対する復讐を叫ぶ。恵施はこの敗戦の直後、はじめて魏にその姿を現わす。恵施は復讐戦の無謀を諫《いさ》め、外交的謀略で斉を破るべきだと進言する。恵王がその策を実行すると、楚《そ》と趙の連合軍が徐州で斉を破るという成功を収める。

恵施はこの功績によって恵王の信任を受け、恵王は恵施を宰相に任命して仲父《ちゅうほ》と尊称し、ついには王位を譲ろうとするに至る。かくして彼は、魏を舞台に政界に参画することとなった。

恵施は政治世界における自己の立場・役割を、「施の若《ごと》き者は、其の表掇《ひょうてつ》を操《と》る者なり」(『呂氏春秋』不屈篇)と規定する。役割を分担して築城する例に当てはめれば、もっこを担いだり、レンガを作ったりするのではなく、観測器具を手に全体を指揮・監督するのが自分の役割だというのである。このように恵施は、自分こそは世界全体の秩序を企画する者であり、聖人にも比すべき役割を果たす指導者だとの、強い自負心を抱いていた。

魏の恵王と恵施

恵施は恵王の依頼を受け、魏の国法を立案する。恵王や臣下たちはその出来栄えを賞賛したが、臣下の翟翦《てきせん》だけは否定的な評価を述べる。翟翦は、なるほど見かけは立派だが、国家の運営はなりふり構わず、常に現実的効用を最優先に進められるべきで、見てくれだけのきれい事では済まないのだと批判する。魏の臣下である白圭《はくけい》も、やはり恵施の政策を巨大な鼎《かなえ》に譬《たと》えて、見かけは美しいが、理想倒れで、実用性に乏しいと批判している。このように恵施の政治には、常に「大術の愚」（『呂氏春秋』不屈篇）との批判がつきまとう。

その原因は、世界全体の在り方を教導しようとする彼の理想主義が、その政治に強く反映したからである。そして彼の政策には、「黔首《けんしゅ》の命《いのち》を寿《ながいき》にし、民の死を免れしめん」（『呂氏春秋』愛類篇）と、「民の父母」として民衆を戦争の惨禍から救おうとする精神が、一貫して流れている。恵施は魏の宰相としての立場から、「汜く万物を愛す。天地は一体なり」との「歴物」の思想を、魏に実現しようと試みたのであった。

その実現のために、恵施は一貫して、斉や楚と同盟を結んで秦と対抗する外交政策を掲げる。もし連衡《れんこう》を唱える張儀《ちょうぎ》の策に乗って、秦や韓と同盟すれば、魏は秦の東方攻略の先兵として、絶えず戦場に駆り立てられ、勝敗のいかんにかかわらず、疲弊・衰亡の破局に陥ることになる。そこで恵施は、逆に斉や楚と同盟して、強大な秦との間に勢力の均衡を生み出し、その膠着《こうちゃく》状態の中で、魏に平和をもたらそうとしたのである。

この外交政策は、恵施にとって、平和の維持により愛民の理念を実現し、同時に魏の保全により、自己の思想を実現すべき場を確保するとの、二重の意義を持つものであった。張儀の連衡策と終始対決し続けた恵施の外交政策には、彼の思想的立場が色濃く反映されていたのである。

このように見てくると、天下篇が伝える弁者としての思想活動と、魏の宰相としての彼の政治活動とが、実は密接な連係を保っていたことが判明する。恵施が魏で行った一連の政治活動も、自己の世界観を現実の政治世界に適用しようとする、彼の思想活動の一環だったのである。

理想の敗北

しかしながら、「歴物」の理想を地上に実現しようとした恵施の戦いも、彼に勝利をもたらしはしなかった。『呂氏春秋』不屈篇が、恵施を「察士以て道を得たりと為すは、則ち未だしなり」と評するように、彼の事業にもやがて挫折が訪れる。

前三二二年、「張儀、秦を以て魏に相《しょう》たり」（『戦国策』魏策）と、秦の外圧を後ろ盾にして、張儀が宰相として乗り込んでくる。そして魏は秦や韓と連合して斉・楚と戦うべきだとする張儀の連衡策が、魏の朝廷内で優勢を占めるようになる。魏は斉・楚と連合して、秦との間に軍事的バランスを保ち、戦禍を回避すべきだと主張した恵施は孤立し、「張儀、恵子を魏より逐《お》う。恵子楚に之《ゆ》く」（『戦国策』楚策）と、彼は政敵である張儀の前に敗れ去ることになった。

秦の威勢を恐れる馮郝《ふうせき》の策謀によって、亡命先の楚からも厄介者扱いされたあげく、体《てい》よく生国の宋に送還された恵施は、三年後、張儀の失脚とともに再び魏に復帰する。だがこうした執念にもかかわらず、二度と恵施が宰相の地位を回復することはなく、魏を足掛かりに理想の実現を目指した彼の意欲は、空しく世界に呑み込まれていく。

後に残されたのは、「恵子の魏を治め本《もと》を為すや、其の治は治まらず。恵王の時に当たりて、五十戦して二十敗し、殺さるる所の者は、勝《あ》げて数うべからず。〔中略〕大術の愚は、天下の笑いと為る」（『呂氏春秋』不屈篇）との悪評のみであった。世界は、ついに恵施の意志を受け入れなかったのである。

第八章　最後の古代論理学者・公孫龍

一　名家の発生

社会秩序を揺るがす名実乖離

人々は、自分をとりまくさまざまな対象を知覚し、それを概念化して、万物・万象に名称をつけたのち、現象の推移を法則化したり、万物をあまねく分類して、一つの体系内に収容したりする。これによって恐怖に満ちた暗黒の世界は、はじめて秩序化され、文明が成立する。すなわち認識・概念化・命名・法則化・分類などの行為こそが、人間社会を、そして文明を根底で支えているのである。

だが、ある時代に形成された名《めい》と実《じつ》の対応関係は、時代の変化とともに、当然破壊され、変更されていく。かくして名と実の不一致が発生してくるが、伝統的秩序を正義とし、既成の秩序を正確に反映する名実の体系こそ正義だとする立場から見れば、それは名実の錯乱であり、秩序の崩壊でしかない。

かつて王号は、ただ一人天下を統治する者、天子のみが名乗れる称号であった。ところが春秋末になると、呉や越といった蛮夷の族長が勝手に王を名乗ったため、周の天子は、新たに天王《てんのう》と称して自己の権威を守らねばならなかった。さらに戦国期に入ると、諸侯は斉王とか楚王などと、競って王号を僭称しはじめ、もはや王号は、天下全体の支配者を指すのか、それとも一国の君主を指すだけなのか、判然としなくなってしまう。

このように、上は天子の称号から、下は身の回りのこまごました器物まで、およそ名実の乖離《かいり》現象は、単なる言語の乱れといった現象にとどまらず、既成の社会体制の全面的崩壊を、不気味に象徴し予告するものであった。そこで伝統的秩序の回復を願う人々にとっては、このまま「夫《そ》れ名実の相怨《あいうら》むや久し。是《こ》の故《ゆえ》に絶えて交わること無し」(『管子』宙合篇)との混乱を座視することはできず、「必ずや名《な》を正さん」(『論語』子路篇)とする運動は、いまや切実な課題となった。

もとより名実の対応関係の変化は、社会変動の結果であって、原因ではないから、名実の対応関係を旧来の形に戻せば、それで社会秩序も元の形に戻せると考えるのは、全くの幻想にすぎないのだが。

ポリス的古代

ともあれ、こうして正名《せいめい》が追求されていけば、当然そこには、名はいかにして実を表示しうるのかとの、言語そのものへの反省が生じてくる。それはさらに、そもそも人はいかにして実を認識しうるのかとの、人間の認識能力自体への疑いをひき起こし、ついには、はたして世界はわれわれの知覚するままに存在するのであろうかとの、対象世界の実在性そのものに対する深刻な反省へとたどり着く。

ここに、それまで集積されてきた概念・名称への懐疑と批判を通しての、既成の世界認識に対する全面的な再検討が開始される。春秋後期の鄧析《とうせき》をはじめ、恵施《けいし》・桓団《かんだん》・尹文《いんぶん》など、同時代からは弁者、後世からは名家と呼ばれた一群の思想家たちは、時間・空間・数量・力・形状・色彩・塡充性《てんじゅう》・分類・知覚などについて、新たな思索を加え、その成果をつぎつぎに命題化していった。この弁者による命題化は、特殊な知識や術語の共有を前提に、結論のみを提示する形で行われたため、難解を極めるが、『墨子』、『公孫龍子』、『荘子』天下篇などを通覧するとき、われわれは、彼らが形成した共通の思想的場が、当時たしかに存在したことを知るのである。

弁者たちは、こうした思索を重ねながら、日常を超えた、世界の本質的把握を目指したが、類似の現象は古代のインドやギリシアにも見られ、それこそはポリス的古代文明に特有の知的方向性であった。公孫龍は中国のポリス的古代が生んだ、最後にして最大の知性として、戦国末の思想界にその姿を現わすのである。

二 『公孫龍子』の論理

概念は実在する

戦国期に著作された弁者の書物は、その後つぎつぎに滅んでいった。その中で『公孫龍子』は、今に残された、ほとんど唯一のまとまった著作である。中国最古の図書目録である『漢書《かんじょ》』芸文志《げいもんし》は、名家類に『公孫龍子』十四篇と記すが、宋代までに八篇が失われ、現在われわれが手にするテキストは、わずかに六篇にすぎない。以下これら六篇を、篇ごとに解説し、彼の論理に触れてみよう。

[跡府《せきふ》篇] 後学の徒が、公孫龍の思想活動の目的と事跡を記した篇で、『公孫龍子』の序章にあたる。世間からは、詭弁をもてあそんで言語を乱したとの非難を浴び続けた師の立場を弁護し、「名実の錯乱するを疾《にく》み、資材の長ずる所に因《よ》りて、守白《しゅはく》の論を為す」とか、「是の弁を推《お》して、以て名実を正し、天下を化《か》せんと欲す」と、公孫龍の動機や理念が、やはり正名にあったことを強調する。

[指物論《しぶつろん》] 指《し》とは指示すること、つまり特定の対象を選んで知覚する行為、およびそうして

得られた認識を指す名家の術語である。物は、人間の認識の対象を指す。公孫龍は、「物は指に非ざるは莫《な》きも、指は指に非ず」と述べる。あらゆる対象は、人の認識行為によってしか、その存在を知覚されないが、人間の主観による対象認識は、すでに指《さ》された物の客観的実在ではないというのである。

その一方で彼は、「指に非ざること有るには非ざるなり」とも述べて、五官を経由しない直観的・超越的認識能力の存在を強く否定する。そこで人には、客観的に実在するはずの対象世界と、決してそれを全的に把握できぬ限界性を負った主観認識だけが残されるのである。

公孫龍像

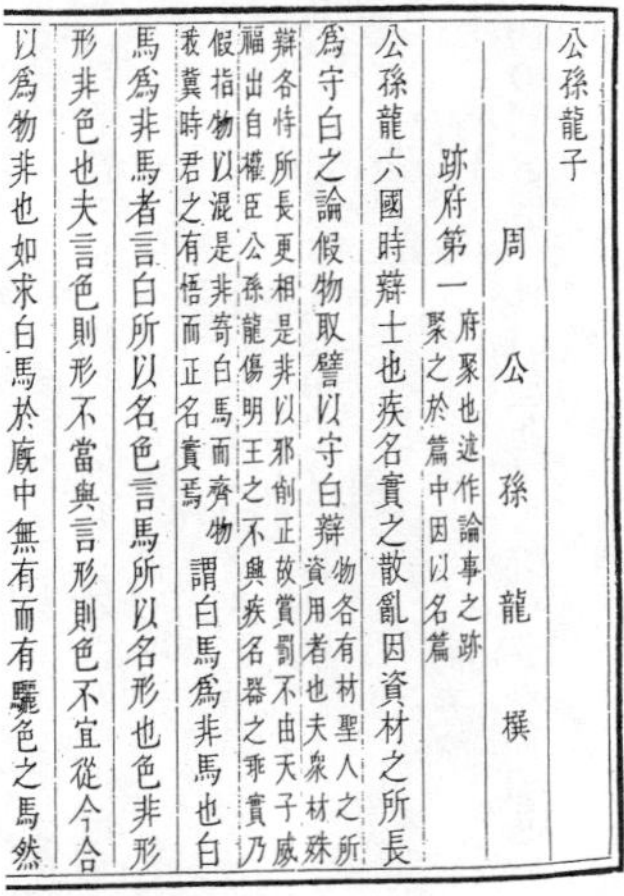

公孫龍子

周　公孫龍　撰

跡府第一　府聚也述作論事之跡聚之於篇中因以名篇

公孫龍六國時辯士也疾名實之散亂因資材之所長爲守白之論假物取譬以守白辯　物各有材聖人之所資用者也夫衆材殊辯各恃所長更相是非以邪削正故賞罰不由天子威福出自權臣公孫龍傷明王之不興疾名器之乖實乃假指物以混是非寄白馬而齊物我冀時君之有悟而正名實焉　謂白馬爲非馬也白馬爲非馬者言白所以名色言馬所以名形也色非形形非色也夫言色則形不當與言形則色不宜從今合以爲物非也如求白馬於廐中無有而有驪色之馬然

『公孫龍子』跡府篇

［堅白論《けんぱくろん》］　公孫龍は、白さ（色彩）や堅さ（塡充性）を、物の属性とする思考を否定する。物の白さは、白さを発現する対象物を限定しない。物の堅さは、堅さを発現する対象物を限定しない。対象物を限定しないものは、万物すべてに同じように発現する。どうして特定の石にのみ限られようか。

物の白きは、其の白とする所を定めず。物の堅きは、其の堅《けん》とする所を定めず。定めざる者は兼ぬる。悪《いず》くんぞ其れ石ならんや。

堅は石に宿ることによってはじめて堅となるのではない。そこで万物すべてがその対象となる。いまだ対象物に堅なる性質を発現しない段階でも、堅はそれ自身ですでに堅である。特定の石だの物だのを堅くしなくても、すでに堅なのである。触覚によって堅が知覚されないうちは、堅は対象物に発現せずに隠れている。もし白が物とは無関係に、もともとそれ自身で白なのでないとすれば、どうして白が石や物を白くしたりできようか。白はそれ自身で必ず白なのであって、対象物を白くする前から白なのである。

堅は未だ石と与《とも》に堅為《た》らず。而《しか》して物兼《か》ねらる。未だ与に堅為らざるも、而して堅は必ず堅なり。其の石・物を堅くせずして而も堅なり。天下に未だ若《こ》の堅有らざれば、而《すなわ》ち堅は蔵《かく》る。白固《もと》より自ら白たること能《あた》わざれば、悪《いずく》んぞ能《よ》く石・物を白くせんや。若《こ》の白なる者は必ず白なれば、則ち物を白くせずして而も白なり。

このように公孫龍は、古代ギリシアのプラトンが唱えたイデア論と全く同じ形で、堅や白をあらゆる個者を超えて存在する普遍者として実体化した。こうした立場は、概念実在論と呼ばれる。そして人が触れている間だけ、堅さが対象物に宿り、人が視《み》ている間だけ、白さが対象物に発現すると説く。しかも公孫龍は、さらに人間の認識能力の統一性さえも解体しようとした。

白は目と光を用いて視認するが、光自身は白を知覚しない。［目は必ず光の補助を必要とし、また光自体が白を知覚しないとすれば］結局光も目も単独では白を知覚しないことになり、最終的には精神が知覚する。［だが目や光の助けを失うならば］精神も単独では白を知覚できない。［この場合、白は石に発現せず、対象物を限定しない本来の状態のままに独立していて、精神からも、そして石からも］遊離する。堅は手によって知覚するが、手は対象物に触れることを必要とする。そこで堅は手と触れる行為とで知覚するが、触れる行為も手も、単独では堅を知覚できない。さらに精神も、［手や触と同様］それのみでは堅を知覚できない。

猶《な》お白は目と火を以て見るがごときも、而して火は見ず。則ち火と目と見ずして神《しん》見る。神も見ざれば、而ち見《けん》は離る。堅は手を以てし、手は撫《ぶ》を以てす。是れ撫と手と知りて而も知らず。而して神も与《とも》に知らず。

このように公孫龍は、認識経路の最後に位置する精神にすら、異なる感覚器官を経由した知覚を蓄積し、総合する能力はないという。これにより人間の精神は、媒介者や感覚器官を経由しない直観的・超越的認識能力は無論のこと、統合認識の形成能力すら、虚構の合成として否定されたのである。

白馬は馬に非ず

［白馬論］公孫龍は、白馬は馬であるとの常識を否定し、色彩と形状の複合概念である白馬と、形状のみの単一概念である馬とは、同じではないと主張する。

馬なる概念は、形状を区別するための名称であり、白なる概念は、色彩を区別するための名称である。色彩に命名した白と、形状に命名した馬とは、同一ではない。だから白馬は馬ではないと主張するのだ。

馬なる者は形に命《なつ》くる所以《ゆえん》なり。白なる者は色に命くる所以なり。色に命くる者は、形に命くるには非ざるなり。故に曰く、白馬は馬に非ず。

馬には必ず色彩が付着する。だからこそ白馬も存在するのである。もし馬に一切色彩が付着しないとすれば、ただ単に形状としての馬が存在するにすぎず、どうしてそもそも白馬を議論の対象に取り上げられようか。だからこそ、後から付着する白と、色彩を宿す場としての馬とは、全く別の存在であり、白概念は馬概念の中に含まれていないのである。白馬なる概念は、形状を限定する馬概念と、色彩を限定する白概念とが結合して成立する。要するに私は、単一概念である馬と、複合概念である白馬との関係について論じているのである。両者は当然内包を異にしている。そこで私は、白馬は馬ではないと主張するのである。

馬には固《もと》より色有り。故に白馬有り。馬をして色無からしめば、馬有るのみ。安《いずく》んぞ白馬を取らん。故に白なる者は馬に非ざるなり。白馬なる者は馬と白となり。馬と白馬となり。故に曰く、白馬は馬に非ざるなり。

存在の位相を弁別せよ

［通変論《つうへん》］条件の変化にかかわらず、常に一定の普遍性を保つ概念（通）と、与えられた条件によって変化する概念（変）との区別を述べる。

客は公孫龍に尋ねる。二の中に一は存在するでしょうか。公孫龍は答える。二の中に一は存在しない。

曰く、二に一有るか。曰く、二に一無し。

客は尋ねる。右は左との相対的な位置概念である。［左側に位置していた者が反対側に移動すれば、それにつれて右から左へ変化するのだから］右は可変概念と考えてよいか。公孫龍はそれでよいと答える。そこで客は尋ねる。もう片方の位置を変えたら［右は］どうなるでしょうか。公孫龍は答える。依然として右のままです。

曰く、右は与《くみ》するもの有り。変ずと謂うべきか。曰く、可なり。曰く、隻《せき》を変ぜん。曰く、右なり。

このように公孫龍は、自然数の本質が計量数よりも順序数の側にあると捉え、二番目の数を意味する二の中には、一番目の数という意味は全く含まれないとの立場を取る。同様に公孫龍は、左右を位置概念と見なし、片側の移動につれてかつての右側が左側に変化するとの思考に対し、左右の本質を方向概念と捉え、右と左は位置変化に影響されぬ普遍性を保つと主張する。

［名実論］『公孫龍子』全体の結語にあたる篇である。

物（存在）については、実際に物が所有する範囲のみを、厳密にその物の包摂範囲として限定し、いささかも超過しない場合に限り、それを物の実質と規定する。実については、現に物が自己の実質として具備する範囲のみを、厳密にその物の実質として限定し、いささかも名称に対応すべき実質を欠いていない場合に限り、それを実の位相と規定する。名称が実質の位相を逸脱しているのは、正当な位相の表示ではない。

物は以て其の物とする所を物として、過ぎざるは実なり。実は以て其の実とする所を実として、曠《むな》しからざるは位《くらい》なり。其の位する所を出ずるは、位に非ず。

彼《かれ》なる対象を彼なる名称で表示して、その名称が彼の実の範囲内に止《とど》まり、此《これ》なる対象を此なる名称で表示して、その名称が此の実の範囲内に止まるのは、実に対する正確な名称の配当の仕方である。これとは逆に、此なる対象を彼なる名称で表示し、それによって今度は、彼なる対象が自己の実の範囲を逸脱して、まさに此なる名称を名乗らんとしたり、彼を此だと称することによって、此が彼になったりするのは、実に対する正確な名称の配当の仕方ではない。

彼を彼として彼に止まり、此を此として此に止まるは、可なり。此を彼として彼は且《まさ》に此ならんとし、彼を此として此は且に彼ならんとするは、可ならず。

公孫龍は、人間には五官を経由しない超越的認識能力が存在しない以上、自己が獲得した知覚がいかなる位相に属するのかを精緻《せいち》に弁別し、位相を異にする認識の混同を避けていく以外に、残された道はないと訴える。

三　公孫龍の全体像

反戦活動

弁者の雄として名声を馳せた公孫龍には、同時に政治思想家としての側面も存在した。前三一四年、斉の宣王は、国内の混乱に乗じて燕に侵攻し、燕の全域を制圧する。まもなく斉は、占領地を維持できずに撤退したが、前三一二年に即位した燕の昭王は、復讐戦に執念を燃やし続けた。公孫龍はこうした状況の下、昭王に攻戦の中止を訴えている。燕が斉に侵入して、そのほぼ全域を占領し、斉の湣《びん》王が国外に逃れたのは、前二八四年であるから、公孫龍が燕で反戦を説いたのは、前三一二年から前二八四年の間である。そしてこれが、公孫龍が歴史に登場する最初の事件であった。

ついで公孫龍は趙《ちょう》を訪れ、恵文王にやはり偃兵《えんぺい》（反戦）と兼愛を説く。これは前二八〇年前後のことと推定される。そののち公孫龍は、趙の恵文王の弟であり、戦国の四君子の一人として名高い平原君《へいげんくん》に、客の身分で仕えるようになった。

前二七九年、趙と秦は空雄《くうゆう》の地で会盟し、「今より以来、秦の為さんと欲する所は、趙之を助け、趙の為さんと欲する所は、秦之を助く」（『呂氏春秋《りょししゅんじゅう》』淫辞篇）との国際条約を結んだ。のちに秦は、魏を攻撃しようとしたが、趙は魏を救援する構えを取った。そこで秦王は、条約違反であると強硬に抗議してくる。対処に困った恵文王は、平原君に解決を依頼し、平原君は公孫龍に相談をもちかけた。すると公孫龍は、条文解釈を盾に、「趙は之を救わんと欲す。今、秦王独り趙を助けざるは、此れ約に非ざるなり」（同）と応酬するよう策を授けたという。秦が実際に魏を攻めて二城を陥落させたのは、前二七六年であるから、これは前二七九年から前二七六年にかけてのことである。

さらに二十年ほどたった前二五七年、秦が趙の都の邯鄲《かんたん》を包囲し、趙はもはや滅亡かと思われた。このとき平原君は、楚《そ》と魏の信陵《しんりょう》君に援軍を依頼して秦の攻囲軍を破り、趙を窮地より救う功績をあげた。そこで虞卿《ぐけい》は、孝成王に対し、平原君の封土《ほうど》を増すよう申請したが、これを聞いた公孫龍は、平原君に強く辞退を勧《すす》めている。

こののち公孫龍は、斉から趙にやってきた鄒衍《すうえん》と、平原君の前で白馬非馬論の是非を論争して敗れ、平原君に退けられるに至った。平原君の死は前二五一年であるから、公孫龍が鄒衍に敗退したのは、前二五七年から前二五一年の間で、これを境に公孫龍の名は歴史記録から消えてしまう。

公孫龍が生きた前三世紀の前半は、七雄と呼ばれた七大強国が、天下の覇権をかけ、疲弊しきった国力を総動員して最後の死闘をくり広げる、戦国の末期であった。公孫龍はこの凄惨な時代に向かい、ひたすら反戦を叫び続けたのだが、それでは何が、彼をそうした行動へと駆り立てたのであろうか。

趙の恵文王は、「寡人《かじん》は偃兵に事《つと》むること十余年なるも、而して成らず。兵は偃《や》むべきか」(『呂氏春秋』審応覧《しんおうらん》)と、公孫龍の反戦主義に疑いを投げかける。これに対し公孫龍は、「偃兵の意は、天下を兼愛するの心なり。天下を兼愛するは、虚名を以て為すべからず」(同)と答え、反戦主義の真意が、天下を兼ね愛する精神にあることを明言する。そして彼は、秦に領地を削られては喪礼をとり、斉の領土を奪っては祝杯をあげるといった心の持ち方は、世界中のあらゆる個物を、自己を愛すると同様に愛していこうとする、兼愛の精神とはほど遠いと、王に反省を促す。

このように兼愛の精神に基づく公孫龍の反戦活動は、各国が互いに侵略や併合を否定して、自国の存立を望むと同じく、天下の諸国すべての保全を願うようになるところに、その究極の理念が存在したのである。

個物への愛

公孫龍の政治思想家としての活動と、彼の論理学の体系は、どのように接合していたのであろうか。公孫龍は、色彩や塡充性など、素朴実在論の立場を取る人々が個物の属性と理解していた概念を、それ自身で独立する普遍者であると主張して実体化した。これによって個物は、自ら固有の実体を具備するとの自己完結性を破壊されるとともに、人間の側もまた、個物に対する統合認識の形成能力を否定されることになった。

とすれば人間には、自らの認識能力の限界性を自覚しつつ、認識の位相を厳密に区分する姿勢が要求される。公孫龍の論理学が、各概念が他の概念との重複関係を糸口に「二に一有り」（通変論）、「白馬有れば馬有り」（白馬論）と次々に位相の異なる概念を包摂し続け、互いに肥大化する事態に反対していたのは、そのためである。

もしこうした膨張主義を座視するならば、そこに待ち受けるのは、「此を彼として彼は且に此ならんとし、彼を此として此は且に彼ならんとする」（名実論）、概念間の無制約な移行、名実の錯乱でしかない。ふり返れば、自己が所有する実を逸脱して膨張せんとする、名と名の衝突こそが、「暴すれば則ち君臣争いて両《ふた》つながら明らかにせんとす。〔中略〕両つながら明らかにせんとして道喪《ほろ》ぶ」（通変論）と、君主は臣下を弾圧し、臣下は君主を凌《しの》がんとして、互いに相手の領域を侵犯し合う、社会秩序の破壊をもたらしてきたのであり、さらには国家と国家が互いに相手の併合を目指して攻伐《こうばつ》し合う、戦国の争乱を招いてきたのである。公孫龍の名実論・名分論と、侵略や併合を否定する彼の反戦活動は、こうした形で接合していたと考えられる。

さて公孫龍は、偃兵の根本精神が兼愛の精神にあることを明示していた。それでは彼の論理学的立場と兼愛の主張とは、どのように関係していたのであろうか。公孫龍は、各個物が固有の実体を完備していると思い上がり、自らが永遠であり普遍であると詐称して、本来的に絶対他者であるものを、あたかも自己に固有の属性であるかのように、己の中に併呑し続合すること、さらに名実の対応関係（言語）までが、天上の絶対神や超越的認識能力の完全性を武器に、それを追認する動きに反対した。

人が認識できる眼前の個物とは、一連の時間的継起における、ある特定の位相であり、それはあくまでも、普遍者が人間の認識行為に応じて一時的に降《くだ》り宿った仮象にすぎない。真に永遠なるものは、あらゆる個物を超越して背面世界に存在する、知覚されざる普遍者たちである。すなわち公孫龍の世界では、時を超えて不変なるものは背面世界にのみ存在し、地上には時の経過とともに移ろう仮象だけが残される。

とすればその世界では、固有の実体を剝奪され、単に場としてのみ存在する個物には、もはや永続性は何一つ保証されないようにも思える。しかるに公孫龍は、兼愛と偃兵を掲げて個の保全を執拗に訴え続けた。それは個物が、あまたの永遠なるもの普遍なるものが、それを認識せんとする人の欲求に感応《かんのう》して、人にその性質を知覚させるべく、仮の姿を現わす場として必要だったからにほかならない。

あたかもそれは、天上界に存在する祖先の神霊が、子孫による招魂の呼びかけに感応して、家廟・宗廟《そうびょう》の神位《しんい》・木主《もくしゅ》を依《よ》り代《しろ》に降臨するごとくである。もし滅亡によって子孫と祭祀が絶え、宗廟・位牌《いはい》が失われたならば、降臨する場を奪われた神々は、二度とその姿を発現させぬであろう。

そしてこうした概念実在論の体系は、侵略や併合を非難して反戦と兼愛を説き続けた、公孫龍の政治活動の論拠でもあったと考えられる。他者を自己と等しく愛さんとする意欲と、それを備えた人間の存在が保全されてこそ、時を超えて永遠なる愛も、はじめてその性質を発現することが可能となる。もし他者を侵奪して己の中に併合せんとする争乱の果てに、唯一の勝利者を残してすべての個が消滅するならば、もはやそこには、他者への愛が発現する場はないからである。

それからの公孫龍

公孫龍は鄒衍との論争に敗退したが、鄒衍は自己の認識能力に絶対の自信を抱き、宇宙の始原や天地の果てまでも、あまさず認識できたと自称する人物であった。したがって鄒衍の認識論的立場は、人間の認識能力の限界性を自覚せよとする公孫龍の立場と、鋭く対立するものであった。

同時に鄒衍は、五徳終始説《ごとくしゅうし》と大地理説《だいちり》を唱え、周王朝に代わるべき新たな統一国家の出現を鼓吹した人物でもあった。当然のごとく鄒衍は、言論の目的を「意を杼《の》べ指《し》を通ず」（劉向《きょう》『別録』）る共通認識の確立に求め、公孫龍を「人声《じんせい》を引きて、其の意に及ぶを得ざらしむ」（同）分裂志向として、激しく弾劾した。

両者の対決と鄒衍の勝利とは、ポリス的古代の全き終焉と、すべてを呑みつくす巨大な統一帝国の出現といった、歴史の大転換を象徴するものであった。素朴実在論と天人相関的神秘主義を混淆《こんこう》して、存在・認識・言語などに無自覚な信頼を置きつつ、天界の神々や天地の理法といった幻想に安住せんとする時代風潮の前に、公孫龍学派は消滅し、古代論理学の思考方法そのものが途絶えたあとには、解けない謎、『公孫龍子』だけがとり残された。

学派の消滅を目前にした後学たちは、「公孫龍は六国《りっこく》の時の弁士なり。名実の錯乱するを疾《にく》み、資材の長ずる所に因りて、守白の論を為す。〔中略〕是の弁を推して、以て名実を正し、天下を化せんと欲す」(跡府篇)と、懸命の弁護を試みた。だが、すでに理解力を失った後世の人々が公孫龍に浴びせ続けたのは、全くわけの分からぬ詭弁にすぎぬとの、悪罵の大合唱のみであった。

第九章　宇宙論的政治思想家・鄒衍

一　その思考法と目的

鄒衍の方法論

鄒衍《すうえん》は斉《せい》の出身で、戦国中期から後期にかけて活躍した、陰陽五行家《いんようごぎょう》系統の思想家である。『漢書《かんじょ》』芸文志《げいもんし》は、「鄒子終始《すうし》」五十六篇と「鄒子」四十九篇の二種類の書名を記録するが、早くに亡《ほろ》んで伝わらない。したがって、彼の著作から直接その思想を知ることはできないのだが、幸い『史記』孟子荀卿列伝の中に、司馬遷が鄒衍の思想の概略を記していてくれるので、それによってあらましを知ることが可能である。

『史記』孟子荀卿《じゅんきょう》列伝の記載や、劉向《りゅうきょう》『別録』の「騶衍《すうえん》の言う所は、五徳の終始と、天地の広大となり」との評によって、鄒衍の中心的な学説が、五徳終始《ごとくしゅうし》説と大地理《だいちり》説の二つであったことは、ほぼ確認できる。

鄒衍は、二つの学説を形成するに当たって、「推《すい》」という特異な思考方法を駆使している。すなわち時間に関しては、戦国当時から黄帝の時代に至るまでの、世の栄枯盛衰と瑞《ずい》祥《しょう》との対応関係を検討したのち、それを基礎に、さらに天地がいまだ分離しない宇宙生成の時点にまで遡る世の変遷を類推し、また空間に関しては、まず中国内の地形や生物などを観察し、それを基礎にさらに類推を重ねて、ついには見聞不可能な海外の地理にまで及んだ（『史記』）という。

ここで注目されるのは、『史記』に「深く陰陽の消息を観る」「先ず小物を験《けん》して、推《お》して之《これ》を大にす」と表現されるように、鄒衍の思考が現実の観察から出発している点である。未知の領域に対する類推が、こうした現実観察を出発点としていることから、鄒衍の思考態度には、事実に基づく類推と仮説の設定という、一見科学的精神と呼べる性格があったと理解できるかのようである。

しかしこうした理解には、実は重大な危険が潜んでいる。というのは、所詮は限界のある現実観察の結果を基礎に据えながら、無限の彼方にまで推測に推測を重ねる行為は、結局は科学的立場とは完全に乖離《かいり》する事態に陥らざるをえないからである。いかほど既知の瑞祥を検討し、それに拠《よ》ったとしても、「推して之を遠くし、天地の未だ生ぜず、窈冥《ようみょう》考えて原ぬ《たず》べからざるに至る」（『史記』）というのでは、あまりにも途中に飛躍がありすぎる。この点は、中国内の地理を検分したのち、「海外の、人の睹《み》る能わざる所に及ぶ」（同）との場合も、全く同様である。

『墨子』が指摘する欠陥

実は、「推」が持つ思考方法としての限界性と危険性は、すでに『墨子』小取篇《しょうしゅ》の中で、明確に指摘されている。

推とは、未知の事柄を、既知の事柄と同じだと見なして、未知の事柄を推測する論証方法である。〔中略〕そこで辟《ひ》・侔《ぼう》・援《えん》・推などの論証方法は、進めていくうちに食い違いを生じ、転用するうちに誤る危険が増し、何度もくり返すうちに正しさが失われ、止めどなく用いるうちに本来の意味からかけ離れてしまう。だから使用する際には細心の注意を払う必要があり、無制限に使用してはならない。

推なる者は、其の取らざる所の、其の取る所の者に同じきを以て、之に予《あらかじ》めするなり。〔中略〕是の故に、辟・侔・援・推の辞は、行きて異なり、転じて危く、遠くして失い、流れて本《もと》を離る。則ち審《つまびら》かにせざるべからず、常には用うべからず。

このように、当時「推」は論証方法の一つとして広く認識されており、またその論理としての欠陥も明瞭に反省されていた。したがって、「推」が鄒衍独自の発明でないことはもとより、「常には用うべからず」ざる「推」を無制限に駆使して、未知の領域まで余さず説明しつくそうとする彼の思考態度が、いかに現実観察を土台にしていても、ある段階からは、逆に全く合理性を欠く机上の空論を捏造《ねつぞう》する所業と化すことは、当時の知識水準でも十分に反省可能であったと考えられる。そこで現実観察と「推」を常套《じょうとう》手段とする鄒衍の思索も、科学的実証主義とは隔絶した性格を持っていたとしなければならない。

それでは鄒衍は、なぜこのような無理を冒してまで「推」をふり回し、宇宙生成の時点や天地の果てまでをも、強引に既知のものとして説明しようとしたのであろうか。どうして彼は、確実に知りえない領域を、未知のままに残そうとはしなかったのであろうか。その原因を究明するためには、まず鄒衍が五徳終始説や大地理説を提唱するに至った目的を考える必要がある。

思想活動の終着点

『史記』孟子荀卿列伝は、鄒衍の思想の究極目標について、次のように叙述している。

鄒衍は、各国の君主たちがますます淫乱《いんらん》・奢侈《しゃし》に耽《ふけ》り、徳を尊ぶさまが「君主はまずわが身を整えてから民衆を感化する」という『詩経』大雅《たいが》の文句とは大違いの現状を目撃した。そこで彼は、陰陽が消長を繰り返す様子を念入りに観察して、「怪迂《かいう》の変」「終始大聖の篇」など、十数万語にのぼる著作を著《あらわ》した。

衍《えん》は国を有《たも》つ者の益《ます》ます淫侈《いんし》にして、徳を尚《とうと》ぶこと、大雅の之を身に整え、施《ほどこ》して黎庶《れいしょ》に及ぼすが若《ごと》くすること能わざるを睹《み》る。乃《すなわ》ち深く陰陽の消息を観て、怪迂《かいう》の変・終始大聖の篇、十余万言を作る。

鄒衍の学術は、すべてこんな調子である。だが、その最終目的がどこにあるのかを尋ねれば、必ず仁義道徳を盛んにし、質素倹約に努め、君臣・上下の身分秩序を正し、親族が和合するといった政策にたどり着く。彼の学術は、入り口が珍妙なだけである。

其の術は皆此《こ》の類《たぐい》なり。然れども其の帰するところを要《もと》むれば、必ず仁義・節倹・君臣・上下・六親《りくしん》の施《し》に止《とど》まる。始めの濫《みだ》るるのみ。

司馬遷の言によれば、鄒衍は当時の為政者の腐敗・堕落と人倫の荒廃に憤り、混乱する社会を善導・教化しようと願って、儒家的色彩の濃い政治思想を提出したのであり、前記の両説もそのための手段にすぎなかったということになる。そして次に掲げる『塩鉄論《えんてつろん》』論儒《ろんじゅ》篇の記述もまた、『史記』と同じ指摘を行っている。

鄒衍は儒家の学術で各国の君主に売り込みを図ったが、どこからも採用されなかった。ところが変化・終始の理論を唱えるに及んで、たちまち天下に名を馳せた。〔中略〕鄒衍が発明した変化の学術も、結局は仁義に帰着する。

鄒子は儒術を以て世主《せいしゅ》に干《もと》むるも、用いられず。即ち変化・始終の論を以て、卒《にわか》に以て名を顕《あら》わす。〔中略〕鄒子の作れる変化の術も、亦《ま》た仁義に帰する。

論儒篇の中で漢の中央政府を代表する御史《ぎょし》は、孔子・孟子など儒家の道を終生固守した人物がいかに困窮し、反対に伊尹《いいん》・商鞅《しょうおう》など儒学を捨てて他の思想に走った人物が、その後いかに成功したかを対比する。鄒衍は後者の一例として挙げられているわけであるが、この記事は、鄒衍の思想的転向を伝えている点が特に興味を引く。

つまり彼は、もともとは儒者であったが、儒術ではどこの君主にも受け入れられなかったため、新たに変化・終始の理論を創作して、にわかに脚光を浴びるようになったというのである。このように鄒衍の前身が儒者であったとすれば、司馬遷が評するように、為政者の在り方が儒教の経典たる『詩経』大雅のごとくでないと憤慨したところに、鄒衍の新たな思想活動の出発点があったり、彼の思想の帰結するところが、仁義であったりすることも、当然の現象として理解できる。

自孝公以至于始皇世世爲諸侯雄百有餘年及兼天下十四歲而亡何則外無敵國之憂而内自縱恣也自非聖人得志而不驕佚者未之有也

論鄒第五十三

大夫曰鄒子疾晩世之儒墨不知天地之弘昭曠之道將一曲而欲道九折守一隅而欲知萬方欲無準平而欲知高下無規矩而欲知方圓

『塩鉄論』論鄒篇

ただし前の御史の発言からは、鄒衍は新理論の形成とともに、儒学とは全く絶縁してしまったかの印象を受けるが、この点はどう考えるべきであろうか。この問題に関しても、やはり『塩鉄論』論鄒《ろんすう》篇の記述が示唆を与えてくれる。

鄒衍は、後世の儒・墨が、天地の広大さや高遠な理法を知らずに、ちっぽけな学術で奥深い世界を説明しようとし、狭苦しい専門に閉じこもりながら世界のすべてを知ろうとし、まるで水準器を持たずに高低を知ろうとしたり、コンパスや定規を持たずに円や方形を描こうとするような有様であるのを憎んだ。そこで彼は、大聖終始の循環理論を唱えて、世の君主たちを教え諭《さと》したのだ。

鄒子は、晩世の儒・墨、天地の弘《こう》、昭曠《しょうこう》の道を知らずして、一曲を将《もっ》て九折を道《い》わんと欲し、一隅を守りて万方を知らんと欲し、猶《な》お準平《じゅんぺい》無くして高下《こうげ》を知らんと欲し、規矩《きく》無くして方円を知らんと欲するがごとくなるを疾《にく》む。是に於て大聖終始の運を推して、以て王公を喩《さと》す。

ここで注目されるのは、儒家や墨家に対する鄒衍の激しい非難が、人間社会内部に視野を限定しようとする、彼らの思考範囲の狭さにのみ集中している点である。つまり鄒衍が問題にしているのは、視野の広狭であって、儒家や墨家の学説それ自体ではない。とすれば、先の論儒篇の記述を以て、鄒衍がそれまで保持していた儒家思想を完全に捨て去ったと考える必要はないことになる。

宇宙を網羅する理論体系

鄒衍が儒・墨に対して、両者には人間社会を包囲する、より広範な天界に対する思索が欠落していると非難する以上、元来は儒家の徒であった彼が、その後どのような方向に自己の学説を展開させていったかは、自《おの》ずと察しがつこう。儒術では諸侯に認められずに終わったとの挫折体験から開始された、鄒衍の新たな思想活動は、時間と空間に関する規模雄大な学説により、儒家的政治思想を包摂し、それまでの自己の思想を、天人相関の完璧な体系に再編する方向に進展していった。新理論が完成するや否や、鄒衍は天と人とを貫通する自己の思想体系の広大さを誇り、儒・墨に対しては、一転して彼らの思想が覆う領域の狭さを非難・攻撃して、自己の優位を誇るに至ったのである。

こうした鄒衍の思想の基本構造は、なぜに彼が「推」を濫用して、牽強付会《けんきょうふかい》的に宇宙の根源や天地の果てまでをも説明し尽くそうと試みたのか、との疑問に解答を提示する。鄒衍の立場は、天界には人間界をも貫く一定の理法が存在すると考えて、外の天界の側から逆に人間社会内部の在り方を規定せんとするものであった。すなわち「天地の弘、昭曠の道」まで思考領域を拡大することによって、はじめて宇宙全体の変転の中に一貫する「準平」や「規矩」の存在が明確に認識されるのであり、それによって、彼の出発点でもあり最終目標でもあった、人間社会の在るべき姿も確定されるわけである。

とすれば、人間社会の指針となるべき天の側に不可知の領域が残されていては、そこから導き出されるはずの人間社会の未来像も、不明瞭にならざるをえない。鄒衍自身が儒・墨の欠陥を、「一隅を守りて万方を知らんと欲す」と非難する以上、必然的に彼の理論は、宇宙全体を既知のものとして説明しつくせる、完全無欠の体系を備える必要に迫られるのである。

これこそ鄒衍が無制限に「推」を重ねて、「天地の未だ生ぜず、窈冥《ようみょう》考えて原《たず》ぬべからざるに至」ったり、「海外の、人の睹《み》る能わざる所に及」んだりした原因にほかならない。のちに後漢の王充《おうじゅう》は、「実に然るか否か、相随観《ずいかん》すること能わず」（『論衡《ろんこう》』談天篇）と、鄒衍の大地理説が検証不可能な空論であると批判したが、そもそも自然科学とは立場を全く異にする鄒衍にとっては、検証の可否などはもとより問題ではなく、たとえ空理空論であっても、全宇宙を網羅する理論体系を構築すること自体に、彼なりの別の意義が存在していたのである。

二　五徳終始説

天人一貫の根本原理

鄒衍の思想があくまでも人間社会の側に最終目標を設定していたとすれば、五徳終始説と大地理説が持つ政治思想としての性格は、それぞれどのようなものであったろうか。まず五徳終始説の側について考えてみる。

最初に『史記』孟子荀卿列伝に紹介されている内容を見てみよう。

最初に、現代から最古の帝王である黄帝《こうてい》の時代までについて、学者が一致している歴史を叙述する。そしてこの期間に生じた栄枯盛衰と、瑞兆や王朝の制度との対応関係を記載する。次にこの対応関係から推測して、どんどん時代を遡り、天地すらまだ存在しなかった暗黒の時代で、追究不可能な時点までをも記述する。〔中略〕それに続いて、天と地が分かれてから現代に至るまでの間、宇宙で五種類の徳が循環するのにつれて、それぞれの王朝に適合した統治の方法があり、両者がいかにぴったり対応しているかを記述する。

無垠先序今以上至黃帝學者所共術大並世盛衰［集解］騶案並蒲浪反［索隱］言其並大體隨代盛衰觀時而說事因載其禨祥度制推而遠之至天地未生窈冥不可考而原也先列中國名山大川通谷禽獸水土所殖物類所珍因而推之及海外人之所不能睹稱引天地剖判以來五德轉移治各有宜

乾隆四年校刊　史記卷七十四　列傳　二

而符應若茲以爲儒者所謂中國者於天下乃八十一分居其一分耳［索隱］桓寬王充並以衍之所言迂怪虛妄熒惑六國之君因納其異說所謂匹夫而熒惑諸侯也中國名曰赤縣神州赤縣神州內自有九州禹之序九州是也不得爲州數中國外如赤縣神州者九乃所謂九州也於是有裨海環之［索隱］裨音脾裨海小海也九州之小

『史記』孟子荀卿列伝

先ず今以上、黄帝に至るまでの、学者の共に術《の》ぶる所を序し、大いに世の盛衰を竝《あわ》せ、因《よ》りて其の禨祥度制《きしょうたくせい》を載《さい》す。推して之を遠くし、天地の未だ生ぜず、窈冥考えて原ぬべからざるに至る。〔中略〕天地の剖判《ぼうはん》以来、五徳の転移し、治に各《おの》おの宜《よろ》しき有りて、符応すること茲《かく》の若きを称引《しょういん》す。

この文章の前半は、鄒衍が五徳終始説を形成する際に用いた方法を記す。そして後半が、五徳終始説の要約になっている。それによれば、天地開闢《かいびゃく》以来、天界での五徳の循環に対応する形で、人間社会の統治様式も変化し、歴代王朝の交替が行われてきたというのが、その概略であるらしい。

この「五徳の転移」と「治に各おの宜しき有り」との対応関係の詳細は、鄒衍の著作の遺文と推定されている『呂氏春秋《りょししゅんじゅう》』応同篇の記述によって、その一端を窺《うかが》うことができる。

およそ帝王が新たに興隆する場合には、天は必ず先にそれを予告する瑞兆を、地上の人間に示す。黄帝の時には、天は先に大ミミズや大おけらを示した。それを見た黄帝は、土気が勝つぞ、土気が勝つぞと叫んだ。そこで黄帝の王朝では、黄色を貴《とうと》び、事業も土に則《のっと》ったのだ。禹《う》の時には、天は先に秋や冬になっても草木が枯れない現象を示した。それを見た禹は、木気が勝つぞ、木気が勝つぞと叫んだ。だから夏《か》王朝では、青色を貴び、事業も木に則ったのだ。湯《とう》の時には、天は先に剣が水中から現われる瑞兆を示した。それを見た湯は、金気が勝つぞ、金気が勝つぞと叫んだ。だから殷王朝では、白色を貴び、事業も金に則ったのだ。文王の時には、天は先に赤い鳥が赤い文書をくわえて、周の神社に止まる瑞兆を示した。それを見た文王は、火気が勝つぞ、火気が勝つぞと叫んだ。そこで周王朝では、赤色を貴び、事業も火に則ったのだ。将来火に取って代わるのは、必ずや水であろう。もうじき天は、先に水気が勝つ現象を示すに違いない。もし水気が勝てば、その水徳の王朝では、黒色を貴び、事業も水に則らなければならない。水気が到来しても、それに対応する方法を知らなければ、次の土に転移してしまう。

凡《およ》そ帝王者の将《まさ》に興らんとするや、天は必ず先に祥を下民に見《あら》わす。黄帝の時、天は先に大螾大螻《たいいんたいろう》を見わす。黄帝曰く、土気勝つ、土気勝つと。故に其の色は黄を尚《とうと》び、其の事は土に則る。禹の時に及ぶや、天は先に草木の秋冬にも殺《しぼ》まざるを見わす。禹曰く、木気勝つ、木気勝つと。故に其の色は青を尚び、其の事は木に則る。湯の時に及ぶや、天は先に金刃《きんじん》の水より生ずるを見わす。湯曰く、金気勝つ、金気勝つと。故に其の色は白を尚び、其の事は金に則る。文王の時に及ぶや、天は先に赤烏《せきう》の丹書を銜《くわ》えて周社に集《と》まるを見わす。文王曰く、火気勝つ、火気勝つと。故に其の色は赤を尚び、其の事は火に則る。火に代わる者は必ず将に水ならん。天は且《まさ》に先に水気の勝つを見わさんとす。水気勝たば、故《すなわ》ち其の色は黒を尚び、其の事は水に則る。水気至るも、数の備えを知らざれば、将に土に徙《うつ》らんとす。

これによれば、天は五徳の転移を天変地異（瑞兆）によって予告し、それを承《う》けた歴代王朝の創始者は、自分にめぐってきた五徳の一つに適応すべく、新たな統治様式を採用したと、『史記』の記述がより具体的に語られている。五行思想の系譜を辿る上からは、五徳の実体を、宇宙に横溢《おういつ》する五種類の気としている点が注目される。五行を気と結合し、さらに暦運と結合する操作により、五行は変転・流動する歴史現象を、天界をも包摂する客観性を装いつつ説明する、天人一貫の根本原理になることができたからである。

変革の思想

さらにこの五徳終始説が、「凡そ帝王者の将に興らんとするや」とあるように、政治思想として構成されている点も注目される。しかもこの理論は、五徳の転移によって王朝交替の原理を説明するという、変化を重視する形式を取るため、人々に対し、過去や現在よりも、やがて来るべき将来の政治体制に関心を集中させる性質を持つ。

とりわけ周王朝の衰亡がだれの目にも明らかとなり、永い戦国の争乱の渦中にあって、人々が新たな統一王朝の出現と全体秩序の回復を渇望していた当時の状況の下では、未来は万人にとって緊急かつ重大な意味を持ってくる。鄒衍はこうした時世に乗じ、五徳終始説の提唱によって、統治様式の変革を意図したのである。

この点は、「政教文質とは、救うを云《な》す所以《ゆえん》なり。時に当たれば則ち用い、過ぐれば則ち之を舎《す》て、易《えき》有らば則ち易《か》うるなり。故に一を守りて変えざる者は、未だ治の至りを睹《み》ざるなり」(『漢書』厳安伝引く「鄒子」佚文《いつぶん》)との記述からも、一層明確になる。ここでも鄒衍は、一つの統治様式に固執する態度に反対して、経世済民の単なる手段にすぎない各王朝の統治様式は、一つの時代が過ぎ去れば捨て去るべきであり、時代が変われば変更すべきだと要求している。戦国末期にあって、こうした発言を行うことは、まさに周王朝の遺制に訣別を宣言する行為にほかならない。

鄒衍のこうした姿勢は、前の『呂氏春秋』応同篇にも表明されている。応同篇は周王朝が火徳を承けて創立されたことを述べたのちに、「火に代わる者は必ず将に水ならん」と、周に取って代わるべき新王朝の到来が間近いことを予言する。つまり鄒衍は、一種の易姓革命思想を鼓吹してまわったわけであるが、それでは来るべき新王朝の創始者は、いったい誰なのであろうか。天下の再統一を目指して最後の力闘を続ける戦国諸侯にとっては、この一点こそが最大の関心事となる。

応同篇によれば、天はやがて何らかの異変現象を示すはずである。だがその異変は、いったいいかなる手段で以て、天が下した瑞兆だと判別できるのであろうか。しかも、たとえ天の予告を確認できたとしても、「水気至るも、数の備えを知らざれば、将に土に徙《うつ》らんとす」るのであるから、さらに水徳の到来に適応できるだけの方策をも準備しておかなければ、せっかくの承運の機会を逃し、帝王の座もみすみす自己を素通りして、他者の手に渡る破目になる。

新王朝樹立の秘訣は、実にそうした瑞兆の識別能力と水徳への対処法を身につけた人物が握っていることになる。これこそ、「梁に適《ゆ》く。恵王は郊迎《こうげい》し、賓主《ひんしゅ》の礼を執《と》る。趙に適く。平原君は側行《そくこう》して席を襒《はら》う。燕《えん》に適く。昭王は彗《すい》を擁して先駆し、弟子の座に列して業を受けんことを請う」(『史記』孟子荀卿列伝)と、鄒衍が「卒《にわか》に以て名を顕わ」(『塩鉄論』論儒篇)し、天下の諸侯から破格の厚遇で迎えられた原因にほかならない。

このように見てくると、五徳終始説とは、新たな統一王朝の出現と統治様式の変革を促そうとする意図を持つ政治思想であったと考えられる。

三　大地理説

大地理説と始皇帝

次に大地理説の検討に移るが、最初に『史記』孟子荀卿列伝の記述により、大地理説の内容を紹介してみよう。

先に中国内の名山・大河・峡谷や、動物や植物、珍奇な物産などを列記したのち、それに基づいて推測を重ねて、人間が見聞不可能な海外の状況まで記述している。〔中略〕鄒衍は、儒者が中国と呼んでいるのは、世界全体の八十一分の一にすぎないと考えた。彼は中国に赤県神州《せきけんしんしゅう》と命名した。赤県神州の中にも九州の区分がある。禹が記録した九州はこれを指しているが、実は小さすぎて州とは呼べないのである。中国以外にも同じような州が全部で九つあって、これが本当の九州である。九州の周囲には裨海《ひかい》がめぐっていて、他の大陸とは人民や動物が往来できない。一つの大陸を一つの州とすれば、こうした大陸がさらに九つあって、その外側を大瀛海《だいえいかい》がめぐっている。ここが天地の果てである。

先に中国の名山・大川・通谷、禽獣《きんじゅう》と水土の殖する所、物類の珍なる所を列《つら》ねて、因りて

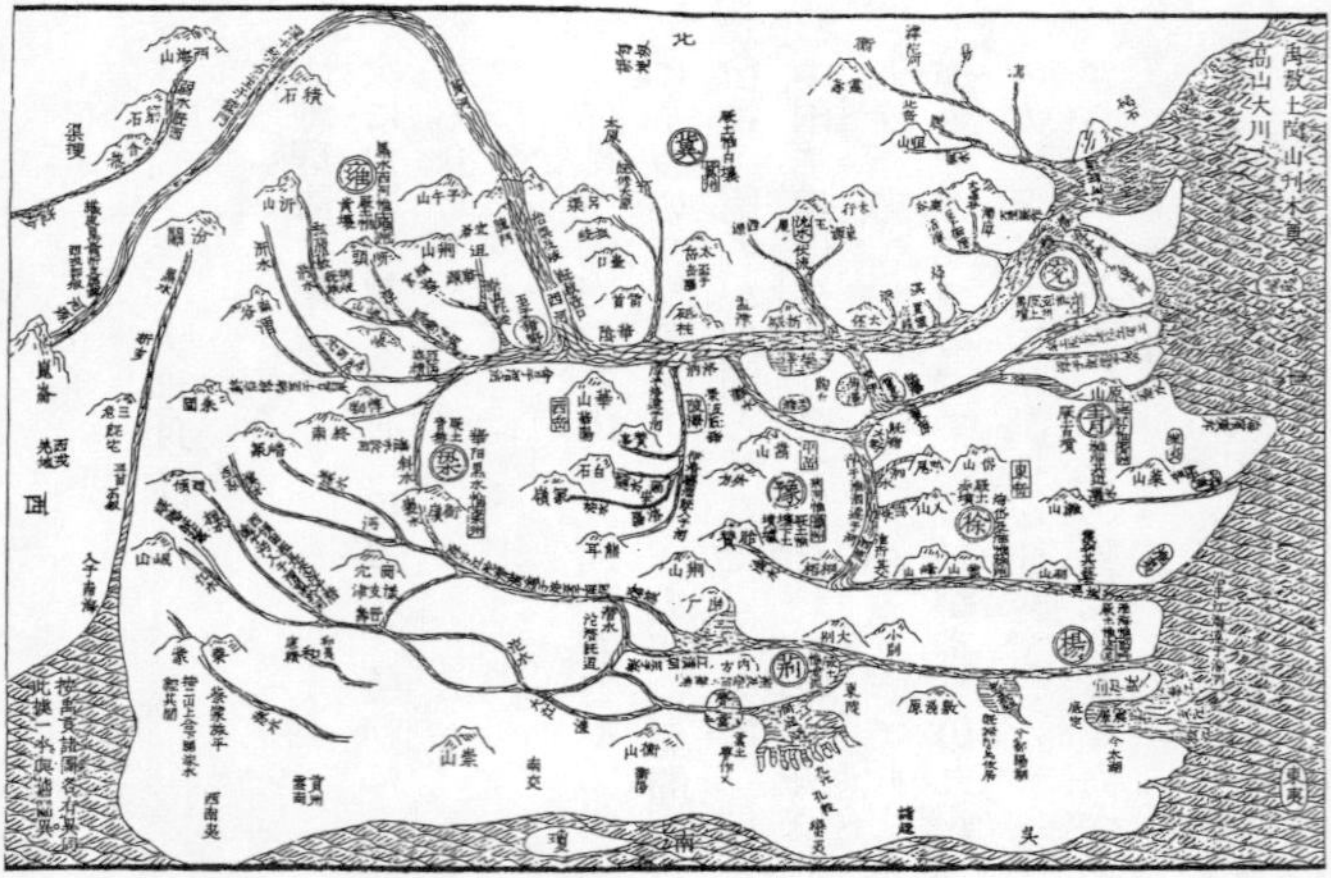

禹の時代の中国。鄒衍は、世界はこの81倍あると考えた

之を推し、海外の、人の睹《み》る能わざる所に及ぶ。〔中略〕以為《おもえら》く、儒者の所謂《いわゆ》る中国とは、天下の乃ち八十一分に於て、其の一分に居るのみと。中国は名づけて赤県神州と曰う。赤県神州の内に自《おのずか》ら九州有り。禹の序する九州は是なり。州の数と為すを得ず。中国の外に赤県神州の如き者九あり。乃ち所謂る九州なり。是に於て裨海有りて之を環《めぐ》り、人民・禽獣は能く相通ずる者莫《な》し。一区の中の如き者は、乃ち一州と為す。此《かく》の如き者九ありて、乃ち大瀛海有りて其の外を環る。天地の際《きわ》なり。

つまり、天地の果てには大瀛海がめぐっており、その中に裨海によって隔てられている大九州がある。この大九州の内部も、それぞれ小九州に分かれており、その一つである赤県神州が中国世界に当たるというのが、その内容である。

この大地理説が政治思想として果たした役割について語るのは、『塩鉄論』論鄒篇である。この中で漢の積極的な対外政策を推進する御史大夫《ぎょしたいふ》・桑弘羊《そうこうよう》は、鄒衍が儒・墨の矮小《わいしょう》さを非難して、天人を合一する新思想を形成したと指摘する。その後で論鄒篇は、司馬遷とほぼ一致する表現で、大地理説の内容を紹介している。

ここで注目すべきは、桑弘羊がそれに続けて、「故に秦は九州に達せんと欲して瀛海に方《むか》い、胡《こ》を牧して万国を朝せしむ。諸生、畦畝《けいほ》の慮、閭巷《りょこう》の固を守るは、未だ天下の義を知らざるなり」と発言している点である。これによれば始皇帝は、秦帝国成立直後、鄒衍の大地理説に刺激されて、大九州と大瀛海に到達しようと積極的外征に乗り出したことになる。桑弘羊は、その外征の結果、秦は辺境の異民族を服属させて万国の朝貢を受けるに至ったとして、大地理説の雄大さと、その影響下に実施された始皇帝の積極的外征策とを賞讃するのである。

大帝国像を予見

これに対して一方の文学《ぶんがく》（塩鉄会議に招集された儒者）は、「近き者すら達せず。焉《いずく》んぞ能く瀛海を知らんや。故に用に補《たすけ》無き者は、君子は為さず。治に益無き者は、君子は由《よ》らず」と、荀子《じゅんし》の「天人の分」と近似した立場から、鄒衍大地理説に反撃を加える。注目されるのは、文学が先の言に続けて、「昔、秦の始皇は已《すで》に天下を呑むも、万国を幷《あわ》せんと欲して、其の三十六郡を亡《うしな》い、瀛海に達せんと欲して、其の州県を失う。大義を知ることの斯《か》くの如ければ、小計を守るに如《し》かず」と述べている点である。

もとより文学の場合は、始皇帝の無理な外征が国内の疲弊を招き、かえって帝国を瓦解《がかい》に導いたと、逆に大地理説と始皇帝の外征策を否定する立場からの発言である。ところが奇妙なことに、始皇帝の対外遠征の動機が大地理説の受容にあったとする一点に関しては、敵対する両者の言も完全な一致を見せているのである。

そしてここに、大地理説が持つ政治思想としての性格が、かなり明瞭に浮かび上がってくる。すなわち大地理説による急激な地理的世界の拡大は、より広大な規模の統一世界の未来像を提供し、新たな統一国家の支配者に、未知の辺境に対する外征の欲望をかきたてる方向に作用したと考えることができるからである。『塩鉄論』によれば、東は箕氏《きし》朝鮮を攻撃し、西は流沙《りゅうさ》を越えて三十四県を新設し、南は越を征して南海・桂林・象の三郡《しょう》を置き、北はオルドスを制圧して匈奴《きょうど》を撃破するといった、始皇帝の異常なほどの連年の外征の背後には、より広大な統一世界像を提示する大地理説の存在が認められることになる。

結局、鄒衍の大地理説は、急激な地理的視野の拡大によって、より広大な統一世界の未来像を提出し、その実現を促すところに、単に新奇な地理学説にとどまらない、政治思想としての性格があったと考えられる。

五徳終始説と大地理説をより深い次元で結合していたのは、何よりも鄒衍が志向した政治的世界像であった。ともに周に代わる新王朝の出現を促進する機能を宿していた五徳終始説と大地理説は、鄒衍の死後間もなく、秦の帝国運営に重大な影響を与える。鄒衍自身はそれに直接関与したわけではないにせよ、こうした思想と政治世界との結合の様相は、そもそも鄒衍の思想自体に、のちに秦帝国として具現したような大帝国像を予想し、その到来を促そうとする意図が込められていたことを窺わせるであろう。

第十章　中国兵学の最高峰・孫子

一　『孫子』の作者は誰か

二人の孫子と二種の「孫子兵法」

中国最古の兵書、『孫子』十三篇の作者と推定される人物は、歴史上に二人存在する。二人の孫子がいたことを明言するのは、『史記』孫子呉起列伝である。

司馬遷は、まず春秋末に十三篇の兵書を提出して呉王闔廬《こうりよ》に仕え、春秋の超大国・楚《そ》の全域を占領する大勝利をもたらすなど、呉をにわかに強大にした兵法家・孫武《そんぶ》の事跡を掲げたのち、次いで戦国中期に、斉《せい》の威王と将軍田忌《でんき》の軍師として、桂陵・馬陵に再度魏軍を撃破した兵法家孫臏《そんぴん》の活動を記している。そして司馬遷は、孫武と孫臏とがそれぞれの兵書を残し、ともに世間に流布したと述べる。それを裏づけるように、『漢書《かんじょ》』芸文志《げいもんし》・兵権謀家類には、「呉孫子兵法」八十二巻・図九巻と、「斉孫子兵法」八十九巻・図四巻の書名が記録されている。

そこで、十三篇『孫子』に対する、二人の孫子と二種の「孫子兵法」との関係が問題となり、これまで永い論争が展開されてきた。その主要な異説を挙げると、次の四種に分かれる。

(一) 今の『孫子』を、『史記』が伝える十三篇そのままに孫武の自著とみる説

(二) 魏の武帝が、後学の付加によってふくれあがった孫武の兵書から、孫武の自作である十三篇だけを抽出したため、結果的に『史記』の旧状に復帰して、現行本が成立したとする説

(三) 孫武の実在を疑い、また『孫子』の内容が春秋時代よりも戦国時代にふさわしいとして、戦国期に何者かが偽作し、それを孫武の名に仮託したとする説

(四) 今の『孫子』を斉の孫臏の著作とみる説

そして近年の状況としては、(一)(二)の孫武自著説が後退し、(三)(四)の後人偽作説ないし孫臏著作説が優勢となってきていた。

始祖は孫武

ところが一九七二年に、山東省臨沂《りんぎ》県銀雀山《ぎんじゃくざん》の前漢時代の墓から大量の竹簡が出土し、現行の十三篇『孫子』に該当する資料のほか、さらに従来知られていなかった孫武と孫臏とに関する二種の兵書も含まれていることが確認された。

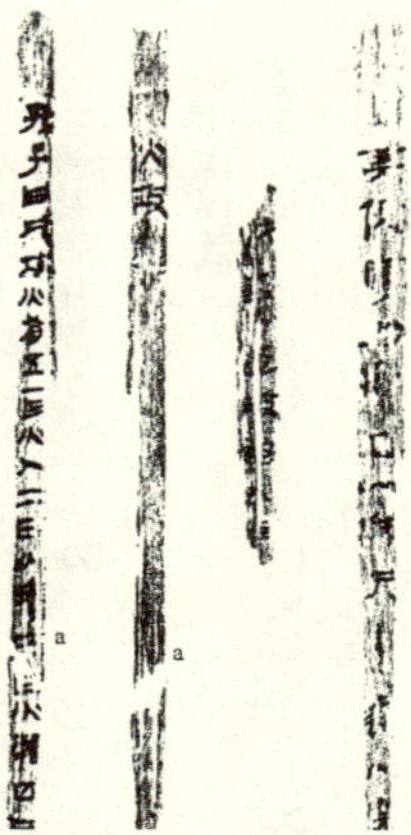
『孫子兵法』火攻篇
（銀雀山漢墓竹簡）

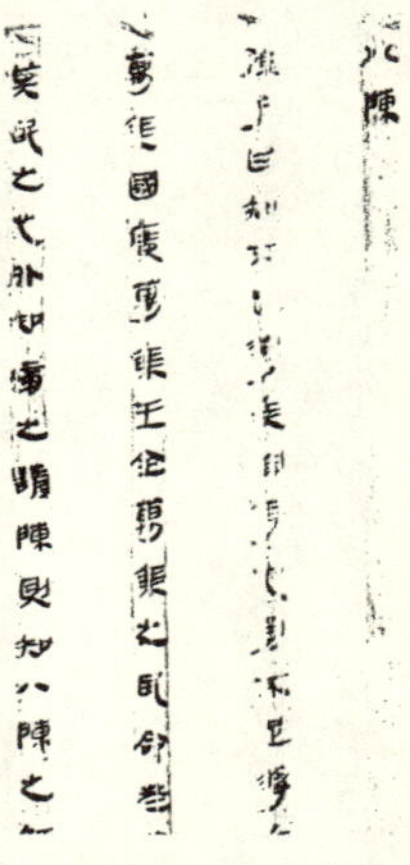
『孫臏兵法』八陳篇（同）

この発見によって、現行本『孫子』十三篇が「呉孫子兵法」の一部であり、それは戦国期以来、孫武の兵書とされてきた十三篇と同一であったことが、ほぼ確実となった。もとより、十三篇が最終的に今の形に定着するまでには、孫臏をはじめとする孫氏学派の手が加わっているであろうが、『孫子』の内容が示す時代背景の面からも、その主要部分は、やはり春秋末の孫武の兵学を伝えていると考えるべきであろう。

二　孫子兵法の特色

戦争とは権謀なり

孫子の兵学の特色はさまざまあるが、その第一は、戦争が経済に及ぼす悪影響を強調する点である。孫子は、戦争がいかに大量の物資を消耗し、戦費の重圧や人員・物資の徴発が、いかに国家経済を疲弊させるかを力説して止まない。すなわち孫子は、戦争なる手段が宿す否定的側面を直視するよう求めるのである。

特色の第二は、戦争を軍事力の正面衝突とは捉えず、戦争の本質は詭道《きどう》、すなわち敵を欺《あざむ》くやり方にあると規定する点である。国家がなぜ戦争するかと言えば、それは敵国と利益を争うからにほかならない。だとすれば、敵国の意志を阻み、敵国に利益を獲得させないところにこそ、戦争の最終目的がある。しかるに軍事力の正面衝突は、経済的損失が大きすぎる。となれば、詭詐《きさ》・権謀で敵国を騙《だま》し、コストをかけずに敵国を屈服させるのが、最善の方策となるのは当然で、卑怯な真似をせず、正々堂々と戦うことの方に価値を見出す者は、そもそも用兵家としては失格だということになる。

敵地で短期決戦すべし

特色の第三は、短期決戦の重視である。戦争はただでさえ経済的損失が大きいので、その損害をできるだけ減らすためには、長期持久戦を避け、戦争を短期に終結させなければならない。

第四は、そのための方策として、努めて攻城戦を回避しようとする点である。わざわざ敵が厳重に防備する城塞に攻めかかる戦法は、兵員や物資に大きな損失を招く上に、長期の攻

漢代の画像石に描かれた古代の戦闘（『金石索』）

囲が必要となる。そこで孫子は、攻城戦を下策とし、敵が守備する城塞を素通りして、野戦で勝敗を決するよう説く。

第五は、自国内での防衛戦を否定して、外征軍を送り、敵国奥深く遠征すべきだとする点である。これは、兵士の戦意が乏しい事態を前提にした考えで、国内で防衛戦を行うと、兵士は妻子や故郷を慕って大量に逃亡してしまう。これとは逆に、敵国奥深く遠征すれば、逃げ場を失った兵士は結束し、戦意も高揚する。また国内深く侵入された相手は、必ず主力軍を繰り出して、侵攻軍を阻止しようとする。そこで必ずや主力軍同士のただ一度の決戦に持ち込んで、短期に決着をつけることが期待できるのである。

第六は、決戦場に誘い出した敵の主力軍を機動戦によって分断し、個々の戦闘での相対的優勢を確保して、各個撃破せよとの戦術である。戦争全体を短期に終結させるには、最終的勝利に結びつかない局地戦を極力回避し、敵国の主力軍との決戦に持ち込まなければならない。ただし、主力軍同士が激突すれば、自軍が被る損害もはなはだしく、勝利の目算も立ちにくい。そこで、完全に敵の不意を衝く奇襲攻撃の態勢か、あるいは敵の主力軍を攪乱《かくらん》して、各個撃破できる態勢をつくり出すのである。

いかに軍事コストを抑えるか

第七は、情報戦を重視する姿勢である。敵を罠《わな》にかけ、高いコストを払わずに破るためには、敵の実情を正確に把握して、事前に計謀を練る必要がある。と同時に、敵側に自国の意図を察知されぬように、自国の実情を厳重に秘匿しなければならない。そのためには、各種の諜報員や工作員を組織して、敵国内に潜入させ、情報戦に勝利する必要がある。

第八は、軍事力の使用に極めて慎重な姿勢を示す点である。軍事力の使用、すなわち戦争はコストのかかるリスクの大きい手段である。こうした危険性の高い手段を選択する場合、損失に見合うだけの利益が見込めるかどうかが、重大な問題となる。そこで孫子は、軽はずみに開戦に踏み切ることを戒め、事前に十分なシミュレーションを実施して、十分な勝算が立った場合にのみ、開戦すべきだと説く。

以上の諸点が、孫子の兵学の大まかな特色なのだが、これらの特色のすべてが、戦争がいかに代償の大きい手段であるか、そのマイナス面に対する深刻な認識に帰着する点に注目すべきであろう。

三　その現代的意義

『孫子』は今から二千五百年も前に書かれた兵書であるが、そこには現代にも通じる普遍的な思索が、数多く含まれている。以下にその幾つかを紹介してみよう。

敵を欺け

戦争とは、敵を騙す行為である。だから、本当は自軍にある作戦行動が可能であっても、敵に対しては不可能であるように見せかけ、本当は自軍が効果的な運用ができる状態にあっても、敵にはできないかのように見せかけ、実際は目的地に近づいていながら、敵にはまだ遠く離れているかのように見せかけ、実際は目的地から遠く離れていても、敵にはすでに近づいているかのように見せかける。もし敵が利益を欲しがっているときは、利益を餌《えさ》に敵を誘い出し、敵が混乱しているときは、そのスキを衝《つ》いて敵の戦力を奪い取り、敵の戦力が充実しているときは、攻撃に対して防備を固め、敵の戦力が強大なときは、敵との接触を回避し、敵が怒り狂っているときは、わざと挑発して敵の態勢をかき乱す。敵が防備していない地点を攻撃し、敵が予想していない地域に出撃するのである。これこそが兵法家の勝ち方であって、臨機応変の処置なので、事前に教えておくことはできない。

兵とは詭道なり。故に能なるも之に不能を視《しめ》し、用なるも之に不用を視し、近きも之に遠きを視し、遠きも之に近きを視す。故に利なれば而《すなわ》ち之を誘い、乱なれば而ち之を取り、実なれば而ち之に備え、強なれば而ち之を避け、怒なれば而ち之を撓《みだ》す。其の無備を攻め、其の不意に出《い》づ。此れ兵家の勝にして、先には伝うべからざるなり。（『孫子』計篇）

『孫子』は、敵との戦いに倫理性を持ち込む思考を否定する。戦争では、徹底的に敵を欺かなければならない。敵を欺くとは、自軍の意図や能力・態勢を敵に誤解させる行為である。もし自軍が強力であるにもかかわらず、敵がその能力を過小評価し、弱体だと誤解してくれれば、もっけの幸いで、偽りの情報を流して、ますます誤解を助長すればよい。この場合、馬鹿にするんじゃない、本当は強いんだぞなどと宣伝するのは、愚の骨頂となる。およそ軍事に関しては、万事この調子で、すべてを偽ることが求められる。将軍が信義を貫くべき対象は、敵軍ではなく、ただ国家の利益だけである。

勝ち目のない戦争はするな

まだ開戦もしないうちに、廟堂で図上演習して勝つのは、勝算が相手よりも多いからである。まだ戦端も開いていないのに、廟堂で図上演習して勝たないのは、勝算が相手よりも少ないからである。勝算が多ければ実戦でも勝つし、勝算が少なければ実戦でも敗北する。まして勝算が一つもないのでは、お話にならない。私がこうした計算によって、この戦争の結末を予測するに、勝敗はすでに目に見えている。

夫《そ》れ未だ戦わざるに廟算《びょうさん》して勝つ者は、算を得ること多ければなり。未だ戦わざるに廟算して勝たざる者は、算を得ること少なければなり。算多きは勝ち、算少なきは敗る。況《いわ》んや算无《な》きにおいてをや。吾れ此を以て之を観るに、勝負見《あら》わる。(『孫子』計篇)

孫子は国外に遠征軍を送る形の戦争だけを想定する。そのため、自国には戦争する意志がないにもかかわらず、不意に敵国に攻め込まれて、領土防衛戦を強いられるといった戦争形態は、まったく想定されていない。つまり孫子は、開戦か否かを自ら選択できる戦争のみを語るのである。

それでは、開戦すべきか否かの判断基準は、どこに存在するのであろうか。それは敵国と自国を比較して、どちらに勝算が多いかとの一点に存在する。したがって事前の廟算は、熱狂や大言壮語とは無縁に、冷徹・非情に行われる必要がある。もし敵国よりも勝算が少ない場合には、断固として開戦を断念しなければならない。すでに廟算で敗れているにもかかわらず、僥倖《ぎょうこう》を頼り、勝敗は時の運、やってみなければ分からないなどと口走って、勝ち目のない戦争に突入する者は、そもそも戦争を指導する資格のない暗主・愚将である。

むしろ拙速を旨とすべし

遠征軍が長期戦に疲労して鋭気が挫かれたり、あるいは戦力を消耗させ財貨を使い果たす状態に陥れば、それまで中立だった諸侯も、その疲弊につけ込もうと兵を挙げる始末となる。こうなってしまうと、いかに智謀の人でも、善後策を立てることはできない。だから戦争には、多少まずい点があっても素早く切り上げるという事例はあっても、完璧を期して長びかせるという事例は存在しない。そもそも戦争が長期化して国家の利益になったことなど、あった例《ためし》がない。したがって、軍事力の使用に伴う損害を徹底的に知り尽くしていない者には、軍事力の使用がもたらす利益を完全に知り尽くすこともできないのである。

夫れ兵を頓《つか》れさせ鋭を挫き、力を屈《つ》くし貨を殫《つ》くさば、則ち諸侯其の弊《へい》に乗じて起こる。智者と雖《いえど》も、其の後を善くすること能わず。故に兵は拙速を聞くも、未だ巧久を睹《み》ざるなり。夫れ兵久しくして国の利なる者は、未だ有らざるなり。故に用兵の害を知るを尽くさざる者は、則ち用兵の利を知るを尽くすこと能わざるなり。(『孫子』作戦篇)

大軍を国外に遠征させたあげく、敵の主力と決戦できないまま、攻城戦に手間取って、長期持久戦に引きずり込まれたりすれば、遠征軍は外地で疲労困憊《こんぱい》し、兵士も戦意を喪失する。軍の戦力が低下し、国家経済も破綻してしまうと、それまで中立だった外国も、にわかに参戦して攻め込んでくる。こうなると八方塞がりで、国家は日を待たずして滅亡する。だからこそ戦争は、たとえ拙速でも、短期に終結させなければならない。したがって、何事も慎重にしなければ気のすまない、小心な完全主義者には、外征軍の指揮官は務まらない。

戦わずして人の兵を屈する

最高の用兵は敵国の策謀を未然に打ち破る。その次は敵国の同盟関係を断ち切る。その次は敵の野戦軍を撃破する。最低の用兵は敵の城を攻撃することである。城攻めの原則としては、大型の盾や装甲車を準備し、攻城用兵器を完成させるのに三ヵ月もかかり、攻撃陣地の構築にもさらに三ヵ月かかる。将軍が怒りを我慢できず、攻撃態勢が整わないうちに、兵士たちに城壁をよじ登るよう命令して、三分の一を戦死させても、さっぱり城が落ちない結果になるのは、これこそ城攻めが招く災いなのである。だから巧みな用兵家は、敵軍を屈伏させても、戦闘によったのではなく、敵城を陥落させても、城攻めによったのではなく、敵国を打ち破っても、長期戦によったのではない。必ず敵の国土や戦力を保全したまま勝利する方法で、天下に国益を争う。だからこそ軍を消耗させずに、用兵の利益を完全なものにできる。これこそが策謀で敵を攻略する原則なのだ。

故に上兵は謀を伐つ。其の次は交を伐つ。其の次は兵を伐つ。其の下は城を攻む。攻城の法は、櫓《ろ》・轒轀《ふんうん》を脩《おさ》め、器械を具《そな》うること、三月にして止《や》む。距闉《きょいん》又た三月にして然る。将其の忿《いきどお》りに勝《た》えずして、之に蟻附《ぎふ》せしめ、士の三分の一を殺すも、城の抜けざる者は、此れ攻の災いなり。故に善く兵を用うる者は、人の兵を詘《くつ》するも、戦うには非ざるなり。人の城を抜くも、攻むるには非ざるなり。人の国を破るも、久しくするには非ざるなり。必ず全うするを以て天下に争う。故に兵頓《つか》れずして、利全うすべし。此れ謀攻の法なり。（『孫子』謀攻篇）

最高の用兵は、敵国の意図を事前に察知し、その意図を挫くことである。この方法は、見た目には全く戦争の形態を取らない。このように目に見えない勝利を収めるやり方こそ、最も巧妙な用兵である。次善の策は、敵国の同盟関係を解体するやり方である。敵国が頼りにしている同盟国を脱落させてしまえば、敵国は孤立無援を恐れて開戦を思いとどまる。これもやはり、流血なしで敵国の意図を挫く点で、優れた用兵である。

三番目は、会戦によって敵の野戦軍を撃破する方法である。これは敵の戦力に打撃を与えることにより、敵国の意図を阻むわけだが、自軍にも損害が出るので、前二者に比べて劣るとされるのである。最悪の用兵は、攻城戦による方法である。わざわざ敵が厳重に防備している要塞を攻撃すれば、途方もない損害を出し、長い時間を費やす。たとえ敵城を落としても、自軍の戦力は消耗して、継戦能力は低下する。

このように孫子は、戦場における軍事力の正面衝突だけを戦争と考える思考を否定する。策謀によって、敵国の内部を攪乱したり、外交によって敵国を孤立させたり、敵城を守る敵将をだきこんだりと、「戦わずして人の兵を屈する」謀攻を用いて、戦場での流血なしに勝利するやり方こそが、最も効率的で安上がりな用兵だという。大量破壊兵器が発達した現代にあっては、この孫子の教えは、ますます重要な意味を持つであろう。

虚実の戦法

進撃しても敵が迎え撃てないのは、進撃ルートが敵の兵力配備の隙を突くからである。退却しても敵が阻止できないのは、退却路が敵から遠すぎて追撃できないからである。自軍が会戦を望めば、敵が必ず戦わなければならなくなるのは、敵が必ず救援に出てくる地点を攻撃するからである。自軍が戦いを避けたければ、地面に線を引いただけで、敵が会戦に持ち込めないのは、敵の進路をあらぬ方向に欺きそらすからである。

進むも迎うべからざる者は、其の虚を衝《つ》けばなり。退くも止《とど》むべからざる者は、遠くして及ぶべからざればなり。故に我戦いを欲すれば、敵の我と戦わざるを得ざる者は、其の必ず救う所を攻むればなり。我戦いを欲せざれば、地を画して之を守るも、敵の我と戦うを得ざる者は、其の之《ゆ》く所を謬《あざむ》けばなり。(『孫子』虚実篇)

ここで孫子は、進撃と退却、会戦の強要と回避に関する虚実の戦法を説く。まず進撃と退却に関しては、餌を見せて誘い出したり、損害を示唆して釘づけにする方法を使って、進撃の場合は前方から、退却の場合は後方から、あらかじめ敵の兵力を遠ざけて、自在な行軍を確保する。また会戦の強要と回避に関しても、利益を見せびらかして釣り出したり、損害をうける不安をかき立てて動きを止める方法を用いて、強要する場合は自軍の近くに敵軍を誘致し、回避する場合は自軍から敵軍を遠ざけるのである。
敵を思い通りに操るには、敵が何を欲しがっているのか、何を失いたくないのかを察知する必要がある。戦力を失いたくないのか、領土を失いたくないのか、目先の勝利が欲しいのか、時間稼ぎがしたいのか、敵の立場に立って考え、敵の行動を読まなければならない。むろんその前提として、諜報戦に勝利することが求められるのだが。

「風林火山」の出典

軍事行動は敵を欺くことを基本とし、「感情的にならず」利益にのみ従って行動し、分散と集合の戦法を用いて臨機応変の処置を取るのである。そこで疾風のように迅速に進撃し、林のように静まりかえって待機し、火が燃え広がるように急激に侵攻し、山のように居座り、暗闇のように実態を隠し、雷鳴のように突然動き出し、偽りの進路を敵に指示するには部隊を分けて進ませ、占領地を拡大するときは要地を分守させ、胸に権謀をめぐらせつつ機動する。迂回路を直進の近道に変える手を、敵に先んじて察知するのは、これぞ軍争の方法なのである。

故に兵は詐《さ》を以て立ち、利を以て動き、分合を以て変を為す者なり。故に其の疾《はや》きこと風の如く、其の徐《しずか》なること林の如く、侵掠《しんりゃく》すること火の如く、動かざること山の如く、知り難きこと陰《かげ》の如く、動くこと雷《いかずち》の震うが如くして、嚮《むか》うところを指《しめ》すに衆を分かち、地を廓《ひろ》むるに利を分かち、権を懸《か》けて而《もっ》て動く。迂直《うちょく》の道を先知する者は、此れ軍争の法なり。(『孫子』軍争篇)

武田信玄の軍旗「風林火山の旗」の出典として有名な一節である。「侵掠すること火の如く」の「掠」は、掠奪を指すのではなく、進撃のスピードを鈍らせぬため、敵城の鼻先を掠《かす》めて通り過ぎる意味である。

「権を懸けて而て動く」の「権」は、天秤《てんびん》ばかりに乗せる分銅《ふんどう》が原義である。分銅は、天秤ばかりの傾斜を一瞬に逆転させることができる。そこで形勢を一発で逆転できる秘策の意味を生じ、権謀とか権変といった形で使用されるようになった。将軍は軍を分散させたり集結させたりして、敵将と複雑な機動戦を演じつつ、いつどこで、どんな手を使えば、一挙に形勢を逆転できるのか、分銅を置くタイミングを計算し続けるのである。

迂回路を直進の近道に変換するとは、敵が戦場に先着していて、自軍が戦場から離れている場合の不利を覆すための方策である。具体的には、その段階まで両軍が想定していた戦場を一方的に放棄し、敵から遠く、自軍から近い場所に、新たな戦場を設定し直す行為を指す。むろんこの場合は、新たな戦場に敵も必ずやってくるような仕掛けが必要となる。

利害の両面を考えよ

智者の思慮は、必ず利益と損害の両面から判断する。利益には損害の側面をも混じえて考えるから、その事業は計画通りに達成できる。損害には利益の側面をも含めて考えるから、その心配も解消できる。こういうわけだから、諸侯を自国の意志に屈服させるには、その害悪の側面ばかりを強調し、諸侯を使役するには、損害を忘れてしまうほど魅力的な事業に乗り出させ、諸侯をあちこち奔走させるには、害悪の側面を隠して利益だけを見せるのである。

是《こ》の故に智者の慮は、必ず利害を雑《まじ》う。利に雑うれば、故《すなわ》ち務め信《まこと》なるべし。害に雑うれば、故ち憂患《ゆうかん》解くべし。是の故に諸侯を屈する者は害を以てし、諸侯を役《えき》する者は業を以てし、諸侯を趨《はし》らす者は利を以てす。(『孫子』九変篇)

すべての物事には、必ず利益の側面と害悪の側面とが混在している。もし利益の面だけに目を奪われて行動すれば、やがて隠されていた損害の側面に足をすくわれて、当初の目算どおりには事業が成功しない結果に終わる。利益の裏に潜む損害の面にも、十分な配慮を払ってこそ、事業は計画通りに達成される。

また害悪の側面にのみ目を奪われると、あれこれ心配ばかりが先に立ち、結局は一歩も前進できなくなる。だがよく考えてみると、害悪の裏側にはきまって利点も潜んでいるものである。この側面に注目し、そこに大きな意義を見出すならば、もはや絶望かと思われた深い憂慮も晴れ、一転して積極果敢な行動に打って出られるようになる。

何が何でも得だけしたがる強欲な者や、わずかな損害も蒙《こうむ》りたくないと怯《おび》える小心者は、利害・得失を天秤にかける多面的な物の考え方ができないから、目先の利害に気を取られて、最後は大局的利益を失うのである。

そこで、目先の利害に目が眩《くら》む人間の性質を利用して、相手を自分の思惑通りに操ることができる。どこかの諸侯が自国に不利になる事業に着手しようとしている場合、その事業に伴う損害を延々と並べ立て、前途の困難さを強烈に印象づける。その上で慎重に構えた方がよいですよと釘を刺し、相手が障害にたじろいで、自ら事業計画を断念・放棄するように仕向ける。小心者にはこの手は特に有効である。

また国力に余裕があり、それを自国に向けられては困る諸侯に対しては、かくも偉大な事業ができるのはあなただけですなどとおだて上げ、大事業に乗り出させて、その国力を別の方向にそらす。その際、事業の成功に伴う利益を数え上げ、相手が損害の側面を忘れてしまうように仕向ける。こうして輝かしい未来だけを印象づけて相手を手に負えない事業にのめり込ませ、やがて次々に露呈してくる困難の前に、相手の国力が消耗・疲弊していくお膳立てをする。この手は名誉欲が強い者には、とりわけ効力を発揮する。

さらに諸侯を右往左往させて、自国の行動から注意をそらさせるには、ある事柄の利益の側面だけを吹聴し、利益を得ようと奔走するよう仕向ける。相手は利益の裏に潜む害悪に気がつかず、あちこち走り回る。だがたとえその利益を手に入れても、それは隠れていた損害と抱き合わせになっているため、結局は帳消しになり、後には浪費した時間と労力だけが損失として残る。この手は欲張りな相手にはことさら効き目がある。

死者は蘇らず

君主は一時の怒りから開戦してはならず、将軍は一時の憤りにまかせて戦闘してはならない。国家の利益になれば軍事力を使用し、国家の利益にならなければ軍事力の行使を思い止まる。怒りの感情はやがて和《やわ》らいで、また楽しみ喜ぶ心境に戻れるし、憤りの感情もいつしか消えて、再び快い心境に戻れるが、軽はずみに開戦し、軽率に戦闘に入って敗北すれば、滅んでしまった国家は決して再興できず、死んでいった者たちは二度と生き返らない。だから先見の明を備える君主は、軽々しく戦争を始めないよう慎重な態度で臨み、国家を利する将軍は、軽率に戦闘しないように自戒する。これこそが国家を安泰にし、軍隊を保全する方法なのである。

主は怒りを以て軍を興《おこ》すべからず、将は慍《いきどお》りを以て戦うべからず。利に合わば而ち用い、合わざれば而ち止《や》む。怒りは復《ま》た喜ぶべく、慍りは復た悦ぶべきも、亡国は以て復た存すべからず、死者は以て復た生くべからず。故に明主は之を慎しみ、良将は之を警《いまし》む。此れ国を安んじ軍を全うするの道なり。（『孫子』火攻篇）

『孫子』は兵書であるが、決して好戦的ではない。それは、君主と将軍に対し、国家と民衆への重い責任を説くことばにも、明確に表われている。

第十一章　法術思想の貴公子・韓非子

一　悲運の生涯

韓の公子に生まれる

戦国末に法家思想を集大成した人物として著名な韓非子《かんぴし》は、戦国の七雄の一つ、韓の公子であった。その具体的な伝記はほとんど不明であるが、『史記』老荘申韓列伝に簡略な記述が残されている。

韓非は韓の庶出の公子の一人である。形名参同術《けいめいさんどう》や法術思想に傾倒して、独自の理論を作り上げたが、最後に帰着するところは黄帝・老子の思想であった。韓非は生まれつき吃《きつ》音《おん》だったせいで、弁舌は不得意だったが、文章の方は達者であった。後に秦の始皇帝に仕えて宰相になった李斯《りし》とは、ともに荀子《じゅんし》に学んだ同門の間柄である。その当時李斯は、学問ではとても韓非にかなわないと、自分でも認めていた。

韓非は韓の諸公子なり。形名・法術の学を喜びて、其の帰するところは黄老に本づく。非は人と為《な》り口吃《こうきつ》す。道説すること能わざるも、善く書を著わす。李斯と倶《とも》に荀卿《じゅんきょう》に事《つか》う。斯は自ら以て非に如《し》かずと為す。

これによれば韓非子と李斯は、かつて荀子から儒学を学んだ学友だったことになる。また司馬遷は、韓非子の思想的特色を、根本は黄老《こうろう》、すなわち道家思想で、その上に形名術や法術が乗っかっていたかのように記す。現行本『韓非子』五十五篇の中には、解老《かいろう》篇と喩老《ゆろう》篇のように『老子』の解釈を記す篇や、主道《しゅどう》篇や揚摧《ようかく》篇のように黄老と類似した思想を説く篇

韓非子像

始皇帝像（『三才図会』）

が含まれる。この点からすれば、司馬遷の要約の仕方にも一理あるかのように見える。

だが『韓非子』全体を見渡すと、主流はやはり形名と法術であって、前記の四篇は後学の手になる付録の位置しか占めておらず、韓非子の法術思想全体が黄老思想をベースにしていたとは考えがたい。司馬遷が見た『韓非子』のテキスト中にも、前記の四篇が含まれていて、司馬遷は言わば本末を転倒させる形で、両者の関係を理解した可能性が高い。

秦の獄中で自殺

さて形名・法術を好んだ韓非子は、「非は韓の削弱《さくじゃく》せらるるを見て、数《しば》しば書を以て韓王を諫《いさ》む」(『史記』老荘申韓《しんかん》列伝)と、強大な秦に領土を削り取られ、日々衰弱していく韓の窮状を憂え、父・韓王に上書して国政改革の必要性を訴えた。ところが「韓王は用うること能わず」(同)と、父は息子の諫言に耳を貸さなかった。

そこで韓非子は、国家が衰弱していく原因がどこにあるかを深く分析し、「孤憤《こふん》・五蠹《ごと》・内外儲《ないがいちょ》・説林《ぜいりん》・説難《ぜいなん》十余万言を作る」(同)と、著述に専念して富国強兵の法術理論を完成させる。

その後彼は、韓王の密命を受け、使者として秦に赴く。『史記』によれば、秦王政(後の始皇帝)は、かねてから孤憤・五蠹の書を愛読してその思想に心酔し、この著者に会えたならば死んでもよいとまで、著者との面会を切望していた。そこで秦王はわざと韓を急襲して、国難を救うべく、韓非子が秦にやって来るよう仕向けたのだという。面会した秦王は、はたせるかな大いに韓非子を気に入り、永く秦に滞在させようとした。

だがすでに秦に仕えていた李斯と姚賈《ようこ》は、いずれ自分達の地位が韓非子によって脅かされるのではないかと心配した。そこで二人は結託し、秦王に対して、韓非子は実は韓王の密命を受け、秦を弱体化する謀略工作をしにやって来たのだと訴え出た。投獄された韓非子は、獄中から秦王に無実を訴えたが、李斯は先手を打ち、毒薬を贈って彼を自殺させる。秦王は韓非子の投獄を後悔して釈放命令を出したが、時すでに遅く、韓非子は冷たい屍《しかばね》となっていた。

以上が『史記』が伝える韓非子の生涯の概略である。

二　法治とは何か

法治の三つの目的

儒家は君主の徳によって国家を治める徳治主義を唱えた。韓非子はそうした考えを否定して、法による支配、法治主義を唱えた。それでは、韓非子は法治の目的をどのように設定したのであろうか。

明君が治める国家では、聖人の道を説く［『詩経』『書経』などの］教典は見当たらず、人々は［君主が公布した］法律のみを教典とする。［堯《ぎょう》だの舜《しゅん》だのといった］古代聖王の言葉を師とは仰がず、［法を執行する］官吏だけを教師と仰ぐ。決闘で勇者ぶったりはせず、戦場で敵兵を斬首するのが勇者とされる。そこで国内の民衆は、議論するときは必ず法の規定に従い、行動するときは国家への功績になるかどうか考え、勇気を誇るときは戦場での戦闘でのみ発揮する。だからこそ、平時には国内が豊かで、戦時には軍隊が強いのである。

明主の国には、書簡の文無く、法を以て教えと為す。先王の語無く、吏《り》を以て師と為す。私剣の捍《かん》無く、斬首を以て勇と為す。是を以て境内《きょうない》の民、其の言談する者は必ず法に軌《したが》い、動作する者は之《これ》を功に帰し、勇を為す者は之を功に尽くす。是《こ》の故に事無ければ則《すなわ》ち国富み、事有れば則ち兵強し。（『韓非子』五蠹篇）

韓非子は法による支配を説いたが、その法とは、内容が明確に文章化され、広く一般に公開された成文法（実定法）である。韓非子は、民衆は官吏を教師として法律の規定を学習すべきだという。その上で彼は、法が掲げるべき目的を、次の三点に設定した。

第一は、法令を無視して私的権力の拡大を狙う重臣を摘発・排除し、君主権の強化を実現することである。第二は、法や賞罰によって、民衆の価値基準を農耕と戦闘にのみ統一し、富国と強兵を実現することである。第三は、法治により犯罪を防ぎ、社会秩序を維持して、民衆すべてに安全な社会生活を保障することである。

これら三点のうち、第一の君主権の強化は、法術思想の先駆者である商鞅《しょうおう》には全く見られなかった主張で、韓非子が申不害《しんふがい》や慎到《しんとう》が唱えた君主中心の法思想から影響を受けた結果と考えられる。また第二の耕戦の奨励による富国強兵は、もとより国家中心の法思想を説いた商鞅の法術思想の継承で、第三の国内秩序の維持も、やはり商鞅からの影響と思われる。

誘導技術としての法

同じく実定法による支配を唱えても、そこには大きく分けて、二つの立場が存在する。一つは、申不害や慎到のように、実定法を利害の対立を調停するための客観的基準と見なす立場である。この場合の実定法は、君主の主観的判断が持つ欠陥を克服する手段とされるから、個人の主観を交えない法の客観性・中立性が強調される。そこでこの立場に立つ法思想家は、実定法の性格を天秤《てんびん》ばかりやコンパス・定規などになぞらえる。

もう一つは、商鞅や韓非子のように、実定法を君主の意志を実現するための誘導技術と見なす立場である。この場合の実定法は、君主が意図する方向に民衆を賞罰で誘導する技術であるから、法の規定には君主の意図する方向性が強く込められることになる。そこでこの立場の法思想家は、実定法の性格を馬車の操縦装置や船の舵になぞらえる。韓非子が主張する法治とは、こうした誘導技術としての法（術的法）による支配を指しており、彼が語る法術とは、法による誘導技術の意味である。それでは彼は、なぜこうした形での法治の必要性を訴えたのであろうか。

聖人が国家を治める場合、他人の善意には一切期待せず、誰も君主の意向に逆らえない体制のみを重視する。君主が他人の善意を当てにしても、そんな善人は国中探しても、十人もいたりはしない。君主に反抗できない体制さえ出来上がってしまえば、全国民に統一行動を強制できる。統治者は、めったにいないような特殊な例外を無視して、ごく普通の人間を相手にするものだ。そこで［儒家のように］やれ道徳だの仁義だのと言わずに、ひたすら法治に全力を傾ける。〔中略〕だから法術を駆使する君主は、偶然の幸運に頼ったりはせず、必然の方法を追究するのだ。

夫《そ》れ聖人の国を治むるや、人の吾に善を為すを恃《たの》まず、其の非を為すを得ざるを用う。人の吾に善を為すを恃まば、境内に什《じゅう》を数えず。人の非を為すを得ざるを用うれば、一国も斉《ひと》しくならしむべし。治を為す者は、衆を用いて寡を舎《す》つ。故に徳に務めずして法に務む。〔中略〕故に有術の君は、適然の善に随《したが》わずして、必然の道を行う。（『韓非子』顕学

篇）

韓非子は、君主権の強化と富国強兵と治安維持を法の目的に掲げた。それでは三者は、なぜ他の方法によってではなく、必ず法という手段によって実現されなければならないのであろうか。

韓非子は手段としての法の正当性を、まず時代の特色で説明する。古代は人口が少ないのに、生活物資は豊かだった。だから民衆もおっとりしていて、倫理・道徳で世の中は十分に治まったのだ。ところが状況は時が経つにつれて悪化し、現代に至っては、人口はやたらに多いのに、生活物資は極めて不足している。勢い険しくなった民衆は、利益を奪い合って犯罪に走る。したがって、仁義・道徳は古き良き時代にのみ通用した統治手段にすぎず、この厳しい時代に通用する手段は、ただ法治のみなのである。

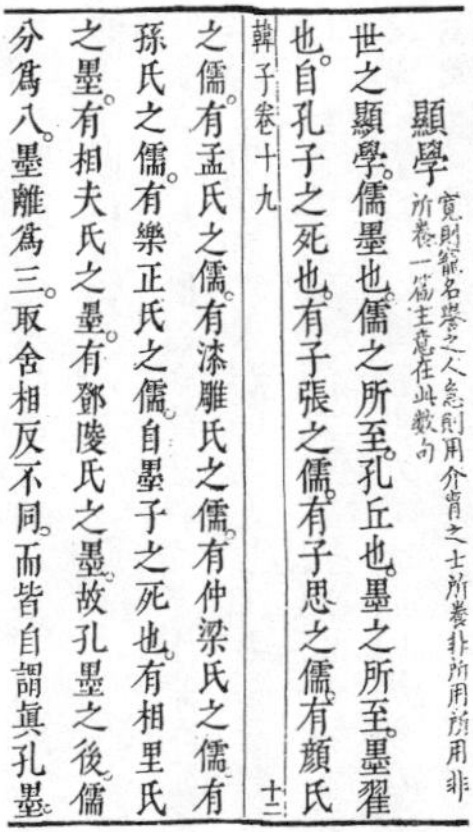
顯學　寛則寵名譽之人急則用介胄之士所養非所用所用非所養一篇主意在此數句

世之顯學儒墨也儒之所至孔丘也墨之所至墨翟也自孔子之死也有子張之儒有子思之儒有顏氏之儒有孟氏之儒有漆雕氏之儒有仲梁氏之儒有孫氏之儒有樂正氏之儒自墨子之死也有相里氏之墨有相夫氏之墨有鄧陵氏之墨故孔墨之後儒分爲八墨離爲三取舍相反不同而皆自謂眞孔墨

韓子卷十九　十二

『韓非子』顕学篇

また農耕は激しくつらい労働を伴うし、戦闘は負傷や戦死の危険が伴う。こんなことは、ほとんどの人間が嫌がるに決まっている。君主はそれをさせるのだから、民衆の自発性には全く期待できないのであって、恩賞を餌におびき寄せたり、刑罰で脅迫したりする法的強制以外に、富国強兵を実現できる手段はない。

おまけに人間は、生まれつき出来が良くない。どこかに国家の前途を憂え、社会への愛と奉仕に生きる善人がいたとしても、それはあくまでも少数の例外にすぎない。大多数の人間は、日々の欲望を満たし、安楽な生活を送ること以外は、何も考えずに生きている。そしてこの、我が身の幸福しか考えない馬鹿な連中こそ、君主が治めるべき相手なのだ。そもそも民衆は、愛だの仁義だのといった説教には、全く耳を貸さない反面、強大な権力の威圧には、容易に服従する卑しい性分を持つ。そこで、こうした人間の本性を計算に入れれば、法術による支配こそが手段としての正当性を持つのだ。

かくして韓非子は、人間の善意に期待するのは、偶然に頼ろうとするお人好しの愚考であって、術的法を操る法治こそが、必ず民衆を支配できる「必然の道」なのだとする結論にたどり着く。

三　形名参同術

契約と査定

韓非子は法の目的の一つに君主権の強化を挙げたが、そのための具体的技術が形名参同術である。君主は臣下に仕事を命ずる際、任務の遂行に必要な人員・費用・期間や、職分に応じた役割分担、見込まれる成果などを記した詳細な計画書を事前に提出させる。その上で必ず計画通りに事業を成功させますと誓約させる。これは君主と臣下（官僚）との間で交わされた一種の契約である。もとよりその契約は、証拠としてすべて文字で記録しておく。ここで言われる「名」とは、こうした文書を指す。そして「形」とは、はっきりと目に見える形、すなわち結果・実績を指す。

約束の期限がきたら、君主は臣下に結果報告書を提出させる。もとより監察官を派遣して、報告に偽りがないかどうか調査させる。こうして臣下の実績（形）と最初の申告（名）を照合（参同・参験《さんけん》）し、ぴったり一致すれば恩賞を与える。もし結果が伴わない場合は、降格・罷免・投獄などの処罰を与える。

この方法で官僚を働かせれば、口先ばかりで実行力のない無能な連中は、厳しく査定・処罰されて、官僚組織から排除される。かくして君主は、いちいち自分の乏しい賢智を労せずとも、多数の官僚を制御して、自動的に統治を達成できる。これが形名参同術、あるいは形名参験《さんけん》術と呼ばれる統治技術である。

君主権強化の手段として

韓非子は君主に対し、次のように形名参同術の必要性を訴える。

君主が本当に聖人の発明した統治技術に精通していて、俗世間の連中の言葉に拘束されたりしなければ、名目と実績が一致するかどうかだけを基準に是非の判断を下し、申告と結果が合うかどうかを実験して、臣下の発言が真実だったかどうかを明確にします。このようにすれば、重臣や側近たちも、口先だけのペテンでは自分たちの地位が安泰ではないと思い知るのです。

人主《じんしゅ》誠に聖人の術に明らかにして、世俗の言に拘《こう》せられざれば、名実に循《したが》いて是非を定め、参験に因《よ》りて言辞を審《つまび》らかにす。是《これ》を以て左右・近習の臣も、偽詐《ぎさ》の以て安きを得べからざるを知る。(『韓非子』姦劫弑臣《かんごうしいしん》篇)

君主権の強化を阻み、国家を弱体化させる悪の元凶は、国家の要職を占めて、君主から実権を奪い取り、私腹を肥やす重臣たちだと、韓非子は考えた。そこで彼は、重臣たちの悪巧みを見破る方法として、君主に形名参同術の採用を訴える。そうすれば君主は、効率よく臣下の不正を摘発できるというのである。

もともとこうした形名参同術は、申不害によって発案されたもので、韓非子は先輩の申不害から、形名参同術の理論を導入したのである。ただし韓非子は、術的法や厚賞厳罰、君主の権勢などを、形名参同術と密接に結合する形に理論を進展させている。こうした操作によって形名参同術は、形名術に委ねれば自動的に臣下を督責でき、君主は賢智を用いた繁雑な判断をせずに無為でいられるといった申不害の段階から、法と賞罰による威嚇を背景に、より積極的に君主権への絶対的服従を強制する段階へと、その威力を増大させたのである。

四　法術思想の矛盾

現実主義者の理想

韓非子は、欲望のままに生きる民衆の愚劣さを鋭く指摘し、民衆の善意には何の期待もできないから、賞罰で誘導し法で強制する以外に方法はないと考えた。そこでしばしば韓非子は、人間への不信感に取りつかれた、冷酷・非情な思想家と評される。だが彼は、決して人間すべてに絶望していたのではない。

韓非子は、いかなる誘惑にも乗らず、どんな迫害にも屈せず、ひたすら君主と国家の安泰のみを願って闘い続ける、法術の士の存在を強調する。また法術の士のパートナーとして、法術の士の価値を認め、要職を占める重臣たちの妨害を排除して、彼の意見を採用する明主の存在をも記す。

法術に精通した士は、必ず遠い将来まで見通し、暗がりの奥底まで明瞭に察知する。そうでなければ、目先の私利私欲を図る重臣たちの悪事を見破ることはできない。法術を使いこなす士は、必ず何者をも恐れぬ勇気と、不屈の闘志を持つ。そうでなければ、重臣たちの悪巧みを摘発することはできない。〔中略〕だから法術の士が君主に採用されれば、重臣たちは必ず国家の中枢から排除される。これこそ、法術の士と要職を独占する重臣たちが、不倶戴天《ふぐたいてん》の敵である理由なのだ。

智術の士は、必ず遠見にして明察。明察ならざれば、私を燭《て》らすこと能わず。能法の士は、必ず強毅《きょうき》にして勁直《けいちょく》。勁直ならざれば、姦を矯《ただ》すこと能わず。〔中略〕故に智術・能法の士用いらるれば、則ち貴重《きじゅう》の臣は必ず縄の外に在《あ》り。是れ智法の士と当塗《とうと》の人、両存すべからざるの仇《あだ》なるなり。(『韓非子』孤憤篇)

国家の要職を占める重臣たちは、その権力を悪用して、さまざまな陰謀をめぐらす。いかにも国家や君主のためにしているかのように見せかけながら、その裏では私腹を肥やし続ける。国家の財産を横領して子分たちにバラまき、国家にではなく自分に忠誠を尽くさせる。法をねじ曲げて便宜を図ってやり、私恩を売って味方を増やす。こうして勢力を拡大し、もう誰も自分の悪事に文句をつける者がいないと見るや、君主から実権を奪ったり、君主を殺してその地位を奪ったりする。

法術の士は、どんなに利益を餌に見せられても、決してそれに釣られたりはしない。どんなに脅迫されても、決してひるんだりはしない。法術の士は、自分の利益には目もくれず、命を落とす危険も顧みない。彼は周りから煙たがられ憎まれて、朝廷内では常に孤立無援である。だが彼は、ひたすら国家と君主の利益のみを考え、果敢に重臣たちに闘いを挑み、国家と君主に損害を与える者たちを摘発する。

ただし法術の士が活躍するためには、その価値を高く評価して任用してくれる君主が必要である。そうした君主を韓非子は「明主」とか「明王」と呼ぶ。

英明な君主のやり方は、法の規定のみを唯一の判断基準にして、個人的な賢智に判断を頼ったりはしない。また形名参同術を固く守って、臣下の誠意に期待したりはしない。こうするからこそ、法が骨抜きにされたりはせず、大勢の臣下も悪事を企んだりはしないのである。


明主の道は、法を一にして智を求めず。術を固くして信を慕わず。故に法は敗れずして、群臣に姦詐《かんさ》無し。（『韓非子』五蠹篇）

明主と法術の士。韓非子によってこの二種類の人間だけは、曇りなき叡智を備え、欲望に目が眩《くら》まず、恐怖にたじろがず、決然として国家の前途に深謀をめぐらす、純粋な仕事師、ピューリタン的人間として描かれる。だが、そうした人間が出現する保証は、実はどこにもない。

大いなる幻影

韓非子は、儒家の徳治主義を次のように批判した。儒家は、堯《ぎょう》や舜《しゅん》のような有徳の君主が君臨すれば天下は治まるし、桀《けつ》や紂《ちゅう》のような暴君が君臨すれば天下は乱れるから、徳で治めなければならないと言う。だが堯や舜といった人物は、数千年に一人現われるかどうかの稀《まれ》な君主である。したがって、堯や舜のような君主が徳治をすれば治まるとの儒家の主張に従えば、「千世《せんせい》乱れて一たび治まる」(『韓非子』難勢《なんぜい》篇)結果に終わる。同様に桀や紂のような暴君も、数千年に一人出るか出ないかの特異な人物である。だから通常存在する普通の君主が法治を行い、たまたま暴君が現われたときだけ乱れるとすれば、「千世治まりて一たび乱れる」(同)確率になる。自分が主張する法治は、堯・舜でも桀・紂でもない、普通一般の君主でも統治ができるようにするための手段なのだと。

このように、そもそも韓非子自身が、英明な君主など滅多《めった》に出現しないとの前提に立って、法術思想を説いていたのである。たしかに彼が言うように、傑出した君主が出現する確率は極めて低く、大多数は凡庸な君主で占められるとしなければならない。だとすれば、法術の士の価値を認め、重臣たちの妨害を排除して法術の士を任用する明主もまた、ほとんど出現は期待できなくなってしまう。

韓非子は、現実の暗さに目覚めよと説いて、偶然の幸運に頼る統治を甘美な幻想として退け、一貫して「必然の道」（『韓非子』顕学篇）を追い求めた。だが韓非子の鋭い理論も、実はその根底に、明主と法術の士の出現といった偶然性に一切を託さんとする、大いなる幻影を宿していた。理想主義者の魂を現実主義者の仮面と衣装で演じ続けようとしたところに、韓非子の思想の、そして韓非子の人生そのものの悲劇が存在したのであり、彼もまた地上のあまりの暗さに耐え切れず、架空の幻夢の中に、己と世界を救済しようとしたのである。

二重の死

韓非子は秦の獄中に倒れたが、彼の理念は始皇帝に継承される。韓非子の理論通りに行けば、偉大な明主・始皇帝と、法術の士・李斯のコンビが、法術によって整然と統治される永遠の帝国を完成させるはずであった。

ところが行幸先での始皇帝の急死により、新たに二世皇帝胡亥《こがい》と趙高《ちょうこう》が登場してくる。自分の利益しか眼中にないこの最悪のコンビは、保身と権力の誇示に駆られ、苛斂誅求《かれんちゅうきゅう》と恐怖政治に走った。その結果、項羽《こうう》や劉邦《りゅうほう》などに率いられた反乱軍が各地に蜂起し、史上空前の大帝国も、わずか十五年で滅んでいく。明主と法術の士の存在に法治の成否を委ねる偶然性・賭博性といった致命的欠陥が、徹底的に暴露されたのである。

かくして韓非子は、李斯と姚賈によって肉体的生命を、二世皇帝と趙高によって思想的生命を絶たれる。韓非子は現実の暗さを指摘して止まなかったが、現実は貴公子たる彼の品性が許容する限度を超えてはるかに暗く、下劣であった。

本書は、二〇〇〇年四月に小社より刊行された『諸子百家』を底本としました。

浅野裕一（あさの　ゆういち）

1946年仙台市生まれ。東北大学文学部卒業，同大学大学院文学研究科博士課程修了。専攻は中国哲学。文学博士。東北大学大学院環境科学研究科教授などを経て，現在，東北大学名誉教授。おもな著書に『孔子神話』『古代中国の言語哲学』『「孫子」を読む』『古代中国の宇宙論』『老子と上天』などのほか，講談社学術文庫に『孫子』『墨子』『儒教』がある。

講談社学術文庫

定価はカバーに表示してあります。

諸子百家《しよしひやつか》

浅野裕一《あさのゆういち》

2004年11月10日　第1刷発行
2021年10月22日　第13刷発行

発行者　鈴木章一
発行所　株式会社講談社
東京都文京区音羽 2-12-21 〒112-8001
電話　編集（03）5395-3512
販売（03）5395-4415
業務（03）5395-3615

装　幀　蟹江征治
印　刷　豊国印刷株式会社
製　本　株式会社国宝社
本文データ制作　講談社デジタル製作

ISBN4-06-159684-5

「講談社学術文庫」の刊行に当たって

これは、学術をポケットに入れることをモットーとして生まれた文庫である。学術は少年の心を養い、成年の心を満たす。その学術がポケットにはいる形で、万人のものになることは、生涯教育をうたう現代の理想である。

こうした考え方は、学術を巨大な城のように見る世間の常識に反するかもしれない。また、一部の人たちからは、学術の権威をおとすものと非難されるかもしれない。しかし、それはいずれも学術の新しい在り方を解しないものといわざるをえない。

学術は、まず魔術への挑戦から始まった。やがて、いわゆる常識をつぎつぎに改めていった。学術の権威は、幾百年、幾千年にわたる、苦しい戦いの成果である。こうしてきずきあげられた城が、一見して近づきがたいものにうつるのは、そのためである。しかし、学術の権威を、その形の上だけで判断してはならない。その生成のあとをかえりみれば、その根は常に人々の生活の中にあった。学術が大きな力たりうるのはそのためであって、生活をはなれた学術は、どこにもない。

開かれた社会といわれる現代にとって、これはまったく自明である。生活と学術との間に、もし距離があるとすれば、何をおいてもこれを埋めねばならない。もしこの距離が形の上の迷信からきているとすれば、その迷信をうち破らねばならぬ。

学術文庫は、内外の迷信を打破し、学術のために新しい天地をひらく意図をもって生まれた。文庫という小さい形と、学術という壮大な城とが、完全に両立するためには、なおいくらかの時を必要とするであろう。しかし、学術をポケットにした社会が、人間の生活にとってより豊かな社会であることは、たしかである。そうした社会の実現のために、文庫の世界に新しいジャンルを加えることができれば幸いである。

一九七六年六月

野間省一

哲学・思想

プラトン著／三嶋輝夫訳

プラトン対話篇ラケス　勇気について

プラトン初期対話篇の代表的作品、新訳成る。「勇気とは何か」「言と行の関係はどうあるべきか」を主題に展開される問答。ソクラテスの徳の定義探求の好例とされ、構成美にもすぐれたプラトン初学者必読の書。

1276

金谷　治著

老子　無知無欲のすすめ

無知無欲をすすめる中国古典の代表作『老子』。無為自然を尊ぶ老子は、人間が作りあげた文化や文明に懐疑を抱き、鋭く批判する。「文化とは何か」というその本質を探り、自然思想を説く老子を論じた意欲作。

1278

浅野裕一著

孫子

人間界の洞察の書『孫子』を最古史料で精読。春秋時代末期に書かれ、兵法の書、人間への鋭い洞察の書として名高い『孫子』を新発見の前漢末の竹簡文をもとに解読。組織の統率法や人間心理の綾など詳細に説く。

1283

鷲田清一著

現象学の視線　分散する理性

生とは、経験とは、現象学的思考とは何か。〈経験〉を運動として捉えたフッサール、変換として捉えたメルロ＝ポンティ。現代思想の出発点となった現象学の核心を読み解き、新たなる可能性をも展望した好著。

1302

廣川洋一著

ソクラテス以前の哲学者

ヘシオドス、タレス、ヘラクレイトス……。ソクラテス以前の哲学は、さまざまな哲学者の個性的な思想に彩られていた。今日に伝わる「断片」の真正の言葉のうちに、多彩な哲学思想の真実の姿を明らかにする。

1306

上山安敏《うえやまやすとし》著

魔女とキリスト教　ヨーロッパ学再考

魔女の歴史を通じてさぐる西洋精神史の底流。魔女像の変遷、異端審問、魔女狩りと魔女裁判、ルネサンス魔術、ナチスの魔女観……。キリスト教との関わりを軸に、興味深い魔女の歴史を通観した画期的な魔女論。

1311

《講談社学術文庫　既刊より》

哲学・思想・心理

池田知久訳注
荘子（上）（下）全訳注
「胡蝶の夢」「朝三暮四」「知魚楽」「万物斉同」「庖丁解牛」「無用の用」……。宇宙論、政治哲学、人生哲学まで、森羅万象を説く、深遠なる知恵の泉である。達意の訳文と丁寧な解説で読解・熟読玩味する決定版！
2237・2238

高田珠樹著
ハイデガー　存在の歴史
現代の思想を決定づけた『存在と時間』はどこへ向けて構想されたか。存在論の歴史を解体・破壊し、根源的な存在の経験を取り戻すべく、「在る」ことを探究したハイデガー。その思想の生成過程と精髄に迫る。
2261

ヴィクトール・E・フランクル著／中村友太郎訳（解説・諸富祥彦）
生きがい喪失の悩み
どの時代にもそれなりの神経症があり、またそれなりの精神療法を必要としている——。世界的ベストセラー『夜と霧』で知られる精神科医が看破した現代人の病理。底知れない無意味感＝実存的真空の正体とは？
2262

木田　元著
マッハとニーチェ　世紀転換期思想史
十九世紀の物理学者マッハと古典文献学者ニーチェ。接点のない二人は同時期同じような世界像を持っていた。ニーチェの「遠近法的展望」とマッハの「現象」の世界とほぼ重なる。二十世紀思想の源泉を探る快著。
2266

鷲田清一著
〈弱さ〉のちから　ホスピタブルな光景
「そこに居てくれること」で救われるのは誰か？　看護、ダンスセラピー、グループホーム、小学校。ケアする側とされる側に起こる反転の意味を現場に追い、ケア関係の本質に迫る、臨床哲学の刺戟的なこころみ。
2267

コーラ・ダイアモンド編／大谷　弘・古田徹也訳
ウィトゲンシュタインの講義　数学の基礎篇　ケンブリッジ１９３９年
後期ウィトゲンシュタインの記念碑的著作『哲学探究』に至るまでの思考が展開された伝説の講義の記録。数を数えるとは。矛盾律とは。数学基礎論についての議論が言語、規則、命題等の彼の哲学の核心と響き合う。
2276

哲学・思想・心理

D・P・シュレーバー著／渡辺哲夫訳

ある神経病者の回想録

フロイト、ラカン、カネッティ、ドゥルーズ&ガタリなど知の巨人たちに衝撃を与え、二〇世紀思想に不可逆の影響を与えた稀代の書物。壮絶な記録を明快な日本語で伝える、第一級の精神科医による渾身の全訳！

2326

岸田　秀著

史的唯幻論で読む世界史

古代ギリシアは黒人文明であり、栄光のアーリア人は存在しなかった——。白人中心主義の歴史観が今なお世界を覆っている欺瞞と危うさを鮮やかに剔抉、その思想がいかにして成立・発展したかを大胆に描き出す。

2343

中島義道著

カントの時間論

物体の運動を可能にする客観的時間が、自我のあり方を決める時間であることをいかに精確に記述することができるのか……。『純粋理性批判』全体に浸透している時間構成に関するカントの深い思索を読み解く。

2362

今村仁司著

交易する人間《ホモ・コムニカンス》　贈与と交換の人間学

ヒトはなぜ他者と交易するのか？　人間存在の根源をなす「負い目」と「贈与」の心性による相互行為が解体して市場と資本主義が成立したとき、なにが起きたのか。人間学に新地平を切り拓いた今村理論の精髄。

2363

いしいひさいち著

現代思想の遭難者たち

思想のエッセンスを直観的に汲み取り、笑いに変えてしまう「いしいワールド」のエネルギーに、哲学者たちも毀誉褒貶。これは現代思想の「脱構築」か？　それとも哲学に対する冒瀆か？　手塚治虫文化賞も受賞！

2364

A・アインシュタイン、S・フロイト／浅見昇吾訳（解説・養老孟司／斎藤　環）

ひとはなぜ戦争をするのか

アインシュタインがフロイトに問いかける。「ひとは戦争をなくせるのか？」。宇宙と心、二つの闇に理を見出した二人が、戦争と平和、そして人間の本性について真摯に語り合う。一九三二年、亡命前の往復書簡。

2368

河本英夫著
哲学の練習問題
私たちの身体と心には、まだ開発されていない能力が無数にあるが、それは「学習」では開発できない。オートポイエーシスの第一人者にいざなわれ、豊富なエクササイズを実践して、未知の自由を手に入れよう！

2480

ゲオルク・グロデック著／岸田　秀・山下公子訳
エスの本　ある女友達への精神分析の手紙
「人間は、自分の知らないものに動かされている」。フロイト理論に多大な影響を与えた医師グロデックが、心身両域にわたって人間を決定する「エス」について明快に語る。「病」の概念をも変える心身治療論。

2495

永井　均著
『青色本』を掘り崩す――ウィトゲンシュタインの誤診
ウィトゲンシュタイン『青色本』には、後期の代表作『哲学探究』の議論の原基形態がちりばめられている。独我論、私的言語、自他の非対称性……。著者は細部にまで分け入ってその議論を批判的に読み抜く。

2499

マックス・ウェーバー著／野口雅弘訳
仕事としての学問 仕事としての政治
マックス・ウェーバーが晩年に行った、二つの講演の画期的新訳。『職業としての学問』と『職業としての政治』の既存邦題をあえて変更し、生計を立てるだけの「職業」ではない学問と政治の大切さを伝える。

2500

エミール・デュルケーム著／菊谷和宏訳
社会学的方法の規準
ウェーバーと並び称される社会学の祖デュルケームは、一八九五年、新しい学問を確立するべく、記念碑的なマニフェストとなった本書を発表する。社会学とは何を扱う学問なのか？――決定版新訳が誕生。

2501

G・W・F・ヘーゲル著／伊坂青司訳
世界史の哲学講義　ベルリン1822／23年（上）（下）
一八二二年から没年（一八三一年）まで行われた講義のうち初年度を再現。上巻は序論「世界史の概念」から本論第一部「東洋世界」を、下巻は第二部「ギリシア世界」から第四部「ゲルマン世界」をそれぞれ収録。

2502・2503

小学生のための正書法辞典

ルートヴィヒ・ヴィトゲンシュタイン著／丘沢静也・荻原耕平訳

ヴィトゲンシュタインが生前に刊行した著書は、たったの二冊。一冊は『論理哲学論考』、そして教員生活を送っていた一九二六年に書かれた本書である。長らく未訳のままだった幻の書、ついに全訳が完成。

2504

言語と行為　いかにして言葉でものごとを行うか

J・L・オースティン著／飯野勝己訳

言葉は事実を記述するだけではない。言葉を語ることがそのまま行為をすることになる場合がある――「確認的」と「遂行的」の区別を提示し、「言語行為論」の誕生を告げる記念碑的著作、初の文庫版での新訳。

2505

老年について　友情について

キケロー著／大西英文訳

偉大な思想家にして弁論家、そして政治家でもあった古代ローマの巨人キケロー。その最晩年に遺された著作のうち、もっとも人気のある二つの対話篇。生きる知恵を今に伝える珠玉の古典を一冊で読める新訳。

2506

技術とは何だろうか　三つの講演

マルティン・ハイデガー著／森　一郎編訳

第二次大戦後、一九五〇年代に行われたテクノロジーをめぐる講演のうち代表的な三篇「物」、「建てること、住むこと、考えること」、「技術とは何だろうか」を新訳で収録する。技術に翻弄される現代に必須の一冊。

2507

閨房の哲学

マルキ・ド・サド著／秋吉良人訳

数々のスキャンダルによって入獄と脱獄を繰り返し、人生の三分の一以上を監獄で過ごしたサドのエッセンスが本書には盛り込まれている。第一級の研究者がついに手がけた「最初の一冊」に最適の決定版新訳。

2508

物質と記憶

アンリ・ベルクソン著／杉山直樹訳

フランスを代表する哲学者の主著――その新訳を第一級の研究者が満を持して送り出す。簡にして要を得た訳者解説を収録した文字どおりの「決定版」である本書は、ベルクソンを読む人の新たな出発点となる。

2509